Walter Lübeck

Das Tao
des Geldes

Über den spirituellen Umgang mit
Geld, Beruf und Besitz
als Mittel der persönlichen
und gesellschaftlichen
Transformation

WINDPFERD
Verlagsgesellschaft mbH.

1. Auflage 1992
© by Windpferd Verlagsgesellschaft mbH, Aitrang
Alle Rechte vorbehalten
Umschlaggestaltung: Wolfgang Jünemann, unter Verwendung einer
Illustration von Berthold Rodd
Gesamtherstellung: Schneelöwe, D-8955 Aitrang
ISBN 3-89385-100-3

Printed in Germany

Inhaltsverzeichnis

3. Kapitel

4. Kapitel

5. Kapitel

8. Kapitel

9. Kapitel

Einleitung

Das TAO der Taler - spirituelle Entwicklung durch liebevollen und bewußten Umgang mit Geld

Der Umgang mit Geld war und ist für mich eine wesentliche Hilfe, um auf meinem spirituellen Weg vorwärts zu kommen, Lieben zu lernen und Gott in mir und durch mich wirken zu lassen. Eine Menge esoterischen Wissens fand über die Auseinandersetzung mit Geld, Beruf und Besitz seinen Weg zu mir und ließ mich so die Welt besser verstehen. Nach dem alten spirituellen Gesetz des Hermes Trismegistos "Wie Innen, so Außen!", lernte ich durch die aufmerksame Beobachtung des Geld- und Besitzverhaltens der Menschen, daß sich ihre Einstellung zu Angst, Verantwortung und Liebe unmittelbar darin ausdrückt, wie sie mit ihren materiellen Gütern umgehen. Achtet jemand seine Leistung und die anderer grundsätzlich als Beitrag zum Wachstum der Welt? Nimmt und gibt er Geld, das diese Leistung ja repräsentiert, bewußt mit dem Wunsch, damit liebevolle und schöpferische Energie in sich und unter seinen Mitmenschen zu verbreiten? Oder geht es ihm im Wesentlichen nur darum, sein Konto anzufüllen und Besitztümer anzuhäufen, ohne sich und anderen damit Möglichkeiten zu schaffen, in Harmonie zu wachsen, ihre Talente zu entdecken und auszudrücken und somit zur Verbreitung von Frieden und Freiheit beizutragen? Ist es ihm vielleicht sogar egal, ob er eine gleichwertige Gegenleistung gibt, für das Geld, das er bekommt, und betrügt sich und andere so in seiner Angst, zu kurz zu kommen?

Der richtige, das heißt für mich, spirituelle Umgang mit Geld und allem, was dazu gehört, kann für Dich die kraftvollste und schönste Übung zur Entfaltung Deiner Persönlichkeit werden.

Verstehst Du den verborgenen, also esoterischen Sinn, der im Fluß des Geldes liegt, und machst aus dem Nehmen und Geben eine Energieübung, wirst Du zum Lichtbringer, zu einem Menschen, der positive Schwingungen zu allen übermittelt, die mit ihm in Kontakt kommen. Ich wünsche allen Menschen, daß sie den Geld-Weg, das TAO des Geldes, erkennen und für sich anwenden lernen. Zu lange wurde die Chance, das allgegenwärtige Medium Geld als Segensspender zu nutzen, vertan.

Geld ist geprägte Freiheit! (Dostojewski)

Dieser Satz gilt immer dann, wenn Du Dein Geld mit Liebe auflädst und die Energie damit verbreitest. Es gibt keine von Menschen geschaffene Sache, die eine so umfassende Verbreitung hat - und aus Unwissen so mißbraucht worden ist. Jetzt, an der Schwelle zum Wassermannzeitalter, müssen wir diese großartige Möglichkeit endlich nutzen lernen, um unsere Umwelt, die Gesellschaft, in der wir leben, und uns selbst zu heilen und auf die neue Schwingungsebene einzustimmen. So viele Menschen möchten gerne einen Beitrag zum Weltfrieden liefern und fanden bisher keine oder wenig wirksame Wege dazu - hier ist einer! Ein scheinbar bekannter, immer wieder mißverstandener und von vielen ungeliebter Weg. Aber gerade deswegen einer, der noch alle Chancen bereithält. Praktisch jeder kommt täglich mit Geld in Kontakt, ist damit den durch dieses Medium transportierten Energiemustern ausgesetzt und wird von ihnen beeinflußt.

Geld ist eine Form der Energiespeicherung. (Culkin)

Geld ist grundsätzlich neutral - es erhält erst eine bestimmte Eigenschaft durch die Art und Weise, wie es verwendet wird. Je nachdem, ob es von dem an seinem Fluß Beteiligten mit Liebe, Bewußtsein und Verantwortlichkeit ausgegeben oder gedankenlos verschleudert wird, verbreitet es Licht oder Finsternis unter den Menschen. Um diese Chance zu nutzen, ist es nicht notwendig, viel Geld zu haben: Fang an, auch und gerade wenn Du nicht viel davon besitzt oder Schwierigkeiten damit hast. Du wirst schnell spüren, daß mit Liebe ausgegebenes und angenommenes Geld seine Energie viel besser verbreitet, als mit Unbewußtheit aufgeladenes. Immer wieder wird ein Lächeln auf die Gesichter der Beteiligten gezaubert werden und Dir zwischenmenschliche Wärme spürbar machen, wenn Du mit Licht-Geld umgehst. Doch nicht nur das! Da die liebevolle Art, mit Geld und Besitz umzugehen, Dir immer mehr Freunde und Verbündete schafft, wirst Du schnell erfahren, daß Deine Geldsorgen wie Schnee in der Sonne dahinschmelzen!

Je mehr Menschen das Gesetz der Liebe, das Gesetz Gottes in ihrem Leben verwirklichen, desto mehr glückbringender Überfluß entsteht in der Welt.

Mein persönlicher Geldweg

Ich möchte Dir von meiner eigenen Geldgeschichte, meinem persönlichen Geldweg erzählen, damit Du weißt, aus welchen Erfahrungen heraus ich dieses Buch geschrieben habe, bevor wir zusammen den Weg des Geldes in den folgenden Kapiteln erkunden.

Mein bewußter Geldweg begann etwa im Alter von sechs Jahren damit, daß mein Vater mich an einem schönen Sommertag bat, ihm bei dem Bau eines Futterhäuschens für die Vögel in unserem Garten zu helfen. Nachdem die Arbeit vollendet war, drückte er mir mit den Worten "Das hast Du gut gemacht und dafür sollst Du auch etwas bekommen!" zwei Mark in die kleine Hand. Glücklich lief ich mit meinem "Schatz" zum Kaufmann und holte mir ein Eis dafür. Der Kaufmann fragte mich, woher ich denn das Geld hätte, und auf die Antwort, mein Vater hätte es mir für eine Arbeit bezahlt, lächelte der Mann und freute sich mit mir. Durch dieses vielleicht manchen Menschen banal anmutende Erlebnis hatte ich ein viel größeres Vermögen bekommen als die zwei Mark, nämlich den Schatz des Selbstwertgefühls, den mir niemand wieder nehmen konnte. Jahre später, ich war in der Pubertät und besuchte das Gymnasium, lernte ich auf dieser Grundlage, mein durch eine finanzielle Notsituation in der Familie sehr schmales Taschengeld durch Nachhilfeunterricht in verschiedenen Fächern erheblich aufzubessern. Ich half jüngeren Schülern bessere Noten zu bekommen, hatte viel Spaß mit ihnen beim Lernen, weil ich nicht einsah, daß Lernen freudlos sein sollte, und bekam neben Geld von den zufriedenen Eltern immer wieder auch kleine Geschenke als Anerkennung meiner Leistung. Diese Erfahrungen prägten mich sehr und entwickelten meine positive Einstellung zur Selbständigkeit und finanziellen Eigenverantwortlichkeit durch eine sinnvolle und Freude bringende Beschäftigung. Seit dieser Zeit frage ich immer erst, wie ich selber dafür sorgen kann, durch eine nützliche Beschäftigung die Mittel zu erwirtschaften, die ich zur Erfüllung meiner Bedürfnisse brauche, anstatt mich darüber zu beklagen, daß andere nicht ausreichend für mich sorgen. Diese Geisteshaltung hat mir Unabhängigkeit, Freiheit und viel Zufriedenheit in meinem Leben beschert. Immer wieder habe ich erfahren, daß der "Zufall" mir hilft, wenn ich Eigenverantwortung für meine wirtschaftliche Situation übernehme, indem ich im ganzheitlichen Sinne wertvolle Aufgaben erfülle.

Als ich etwa 15 Jahre alt war, begann ich, erst zusammen mit meinem älteren Bruder und später allein, mit Aktien zu spekulieren. Einige Zeit hatte ich sehr gute Erfolge, vielleicht wegen des vielzitierten Glücks des Anfängers, möglicherweise aber auch, weil mein Inneres Kind von diesem schönen Spiel so fasziniert war, daß es mir über seine Fähigkeiten der außersinnlichen Wahrnehmung oft wichtige Informationen zuschob. Schnell packte mich in meiner jugendlichen Naivität der Rausch des "schnellen Geldes" und ich verschlang jeden Morgen vor der Schule am Bahnhofskiosk die einschlägigen Wertpapierzeitungen auf der Suche nach Tips für gewinnträchtige Anlageobjekte. Je gieriger ich dabei wurde, desto mehr verließ mich allerdings das Glück. Natürlich verstand ich damals die psychischen und spirituellen Zusammenhänge noch nicht und suchte den Grund in meinem mangelnden technischen Verständnis. In meiner Gewinn-Fixiertheit übersah ich vollkommen, daß meine Spekulationen mir zu Anfang meiner "Börsenkarriere", wo ich praktisch überhaupt keine Ahnung von Geldanlagen hatte, sehr viel besser gelungen waren, als zu späteren Zeiten, vollgepfropft mit Fachwissen und aktuellen Informationen. So las ich viele Bücher über Börse und Wirtschaft und besuchte, meist als jüngster Teilnehmer, viele regionale und internationale Seminare über Geldanlage, um endlich den börsenmäßigen Stein der Weisen zu finden und so richtig "abzusahnen". Im Geiste sah ich mich schon mit einer Davidoff-Zigarre (von der mir sicher schlecht geworden wäre) in einem Porsche sitzen (den ich aus Altersgründen noch gar nicht fahren durfte) und den Playboy mimen (dessen Rolle mein Leben, aus heutiger Sicht, sehr verarmt und letztlich in recht unerfreuliche Bahnen gelenkt hätte).

Unbewußter Umgang mit Deinen Bedürfnissen macht Dich
zum Sklaven des Geldes! (Walter Lübeck)

Kommt Dir diese traumtänzerische Verhaltensweise bekannt vor? Nun kein Wunder - sehr viele Menschen, vielleicht auch Du, wünschen sich oft viele Dinge, die ihnen weder gut tun, noch wirklich nützlich sind. Wenn Du dabei allerdings untersuchst, worum es ihnen tatsächlich geht, wirst Du feststellen, daß ganz andere, einfachere und menschlichere Wünsche hinter den oberflächlich angestrebten Zielen stehen, und die Menschen nur der festen Überzeugung sind, sie bekämen mit dem geräumigen Haus, dem schicken Auto, der umfangreichen Hi-Fi-Anlage und der modischen Kleidung menschliche Zuneigung, Erotik, Liebe, Sicherheit und Anerkennung. Dieses Stellvertreterspiel wird von der Werbung auch systematisch benutzt. Schau Dir einmal genau und bewußt an, wie Produkte verkauft werden.

Bevor ich in späteren Jahren Wirtschaftswissenschaften studierte, sammelte ich etwa zwei Jahre intensive und für meine spätere Entwicklung sehr wichtige Erfahrungen mit Menschen und ihrem Verhältnis zu Geld, Prestige und Sicherheit in der Verkaufsorganisation einer großen Versicherungsgesellschaft. In dieser Branche können dynamische Menschen mit einer bestimmten Charakterstruktur und ein wenig Glück sehr schnell recht viel Geld verdienen. Dementsprechend konnte ich dort wunderbare Studien über Gier, Neid, Ängste, Profilneurosen, Machtsucht und die dadurch bedingten hierarchischen Strukturen und damit zusammenhängenden menschlichen Problemen bei mir und anderen betreiben. Während meiner Universitätszeit lernte ich dann diese Energien in größerem Maßstab, nämlich volks- und und betriebswirtschaftlich, kennen. Immer noch trieb mich während dieser Jahre meine Gier nach Geld und Besitz zur Beschäftigung mit wirtschaftlichen Themen an, und weil es mir eben auch in erster Linie um das "Geld-machen" ging, brach ich nach fünf Semestern mein Studium ab, als ich merkte, daß sich die theoretischen Weisheiten der Universität aus mangelnder Praxisnähe nicht in bare Münze umsetzen ließen. Daraufhin machte ich mich mit zwei älteren Partnern im Bereich der Ölfeld- und Bergwerksausrüstung selbständig. Immerhin hatte ich während meiner "akademischen Jahre" gelernt, daß Theorien, auch wenn sie von noch so berühmten Leuten stammen, nicht unbedingt wichtig und richtig für den Alltag sein müssen. Eine Erkenntnis, die mir auch bei der Beschäftigung mit esoterischem Gedankengut immer wieder half, die Spreu vom Weizen zu trennen. Über sechs Jahre war ich in dem gemeinsamen Betrieb für den Bereich Verkauf, Werbung und Produktdesign recht erfolgreich tätig. Das Geschäft wuchs und wuchs. Trotzdem breitete sich in mir im Laufe der Zeit ein immer stärkeres Gefühl des Unbehagens aus. Erst noch sehr unbestimmt und schwach, dann immer konkreter und stärker rebellierten Körper und Seele gegen meine Art und Weise, mit Arbeit, Beruf und Geld umzugehen. Private Schwierigkeiten und eine schwere Stoffwechselerkrankung kamen auch noch dazu, und ich litt auf allen Ebenen meines Seins bis an den Rand der Selbstaufgabe. Aus der Not heraus mußte ich neue Wege für meine Lebensgestaltung finden.

Reichtum besteht nicht im Besitz von Schätzen,
sondern in der Anwendung, die man von ihnen zu machen
versteht. (Napoleon I)

12

Innerhalb von zwei Jahren angestrengter Arbeit an mir konnte ich dann Spiritualität, die ich bis dahin auf einige eng umgrenzte Bereiche meines Lebens beschränkt hatte, besser in meinen Alltag integrieren. Irgendwie war der Knoten meiner Unbewußtheit durch den enormen Leidensdruck gelöst worden und ich hatte nun endlich verstanden, daß ich lernen mußte, Liebe, Eigenverantwortlichkeit und Freiheit, also Gott, in meinem Leben zu verwirklichen, wenn ich nicht unglücklich und verbittert dahinvegetieren wollte. Ich wollte den zu mir passenden Platz im Leben finden. So bereitete ich mich mit Hilfe meiner geistigen Lehrer und einer intensiven körperorientierten Psychotherapie auf eine grundsätzliche berufliche und private Umstellung meines Lebens vor, die dann auch nahezu problemlos über die Bühne ging. Während dieser Zeit bekam ich auch die Einweihungen in die ersten beiden Reiki-Grade.*

Danach machte ich einen regelrechten Entwicklungssprung. Verhaltensweisen, die ich vorher einfach nicht harmonisieren konnte, änderten sich beinahe über Nacht und gaben mir unglaubliche neue Möglichkeiten, freier und liebevoller zu leben. So gestärkt ergriff ich meinen ersten spirituell geprägten Beruf: ich wurde Verleger einer esoterischen Regionalzeitschrift. Dadurch kam ich intensiv mit der esoterischen Szene in Kontakt. Sensibilisiert durch meine vorangegangenen Erfahrungen, bemerkte ich ziemlich rasch die Probleme, die viele Esoteriker mit Geld, Beruf und Besitz hatten. Offenbar bedeutete ein Interesse an Spiritualität oder sogar ein spirituell orientierter Beruf alleine noch nicht, daß ein Mensch auch liebevoll und bewußt mit materiellen Dingen umgehen konnte. Im Gegenteil - oft bekam ich den Eindruck, gerade in der "Eso-Szene" gäbe es diesbezüglich besonders große Probleme. Manche Leute meinten, Geld, Zinsen und Besitz seien die Wurzeln allen Übels auf der Welt und wollten

---

*Reiki ist eine alte asiatische Methode der Übertragung universeller Lebensenergie zu Zwecken der Heilung und Persönlichkeitsentwicklung. Siehe auch meine Bücher: "Reiki - Der Weg des Herzens" und "Das Reiki-Handbuch".

es abschaffen. Leider übersahen sie dabei, daß erst der Mensch durch die Art der Verwendung der materiellen Güter, diese zu Segensspendern oder Unheilbringern macht. Doch über diese Problematik mehr im nächsten Kapitel. Einige Zeit später begann ich die Ausbildung zum 3. Reiki-Grad (Meister/Lehrer) und schloß sie nach einem Jahr mit der dazugehörigen Einweihung ab. Meine Empfindungen während der ersten Seminare, die ich nun selber geben durfte, bestätigten mir ein Gefühl, daß ich schon längere Zeit hatte: hier war mein Platz. Hier war ich glücklich und konnte Glück verbreiten! Auch mein Verlegerdasein war nun bald beendet, und ich ließ mich vollständig auf meinen Beruf als Reiki-Meister und Autor ein.

Nicht, was er mit seiner Arbeit erwirbt, ist der eigentliche Lohn des Menschen, sondern was er durch sie wird. (Ruskin)

Heute, einige Jahre später, bin ich immer noch sehr froh, diesen Weg eingeschlagen zu haben. Es ging mir noch nie so gut. Ich darf die Dinge tun, die mein Herz mit Freude erfüllen und kann gut davon leben. Viel Interessantes passiert mit mir und durch mich und läßt mich so den Fluß des Lebens als wunderschönes spannendes Abenteuer erleben.

Wie Du mitverfolgen konntest, verlief mein Weg sehr bewegt und nicht unbedingt geradewegs auf ein vorher gefaßtes Ziel zu. Mitunter war das recht anstrengend, vor allem zu Zeiten, wo ich mich noch nicht bewußt auf die Verwirklichung der Spiritualität in meinem Leben einlassen konnte. Aber gerade diese Dynamik in meinen Erfahrungen gab mir die Möglichkeit, verhältnismäßig schnell die Knoten meiner Unbewußtheit zu lösen, die wahren Gesetze des Lebens besser zu begreifen und meinen Platz in der Welt zu akzeptieren. Diese Erkenntnisse helfen mir heute, meine Seminare, Lebensberatungen und Bücher praktisch zu gestalten. Im Grunde ist es gar nicht so schwer, in der materiellen Welt glücklich zu sein, und ich möchte Dir mit meinen Erfahrungen helfen, Deine ganz persönliche Art des Glücks weiter zu entwickeln. Ich möchte gerne in einer glücklichen Welt leben - und dieses Buch ist ein kleiner Beitrag dazu.

Die in den folgenden Kapiteln geschilderten Methoden funktionieren. Sie stammen aus der Praxis und nicht aus theoretischen Betrachtungen. Mache Dich mit ihnen vertraut und erlebe, wie sich durch den richtigen Umgang mit materiellen Gütern, Glück und Erfolg, Liebe und Freiheit und damit letztlich Gott in Dir und Deinem Leben verwirklichen.

Money is Love in Action. (Esoterische Lebensweisheit)

Dein

Walter Fuchs

1. Kapitel

Vom spirituellen Umgang mit Geld

Was ist Geld im esoterischen Sinn?

Was *Geld* ist, weißt Du ja sicher. Schließlich begleitet es Dich schon Zeit Deines Lebens und Du benutzt es fast täglich. Oder läßt Du Dich benutzen? Wie auch immer - was kann ich Dir schon Neues über Geld erzählen?! Okay, ich habe in meinem kurzen Leben viel davon verdient und eine Menge davon wieder auf die eine oder andere Art ausgegeben. Willst Du vielleicht ein paar Tricks zum schnellen Reichwerden aus meiner "Millionärspraxis" haben? Tja, sorry, ich muß Dich in dieser Hinsicht enttäuschen. Ich möchte Dich nicht unglücklich machen, indem ich Dir vorschwindle, Du würdest immer glücklicher, je mehr Geld Du hast. Glücklich bin ich in dieser Beziehung erst geworden, seit ich verstanden habe, daß es wesentlich ist, mit meinen "Mäusen" sinnvoll umzugehen, und nicht viel oder wenig davon zu haben. Mein Anliegen ist, Dir zu zeigen, wie Du mit Geld umgehen kannst, um glücklich zu werden und Glück zu verbreiten. Dazu mußt Du einige Dinge darüber lernen, die Dich dieses wunderbare Werkzeug persönlicher und gesellschaftlicher Heilung* in einem neuen Licht sehen lassen. Erst wenn Du die spirituelle Dimension des Geldes verstehst, kann es für Dich ein Glücksbringer im wahrsten Sinne des Wortes werden. Was ist denn nun aber die esoterische Bedeutung der "lieben Taler"?**

**Ja, runzle ruhig die Stirn und sei skeptisch, aber gib uns beiden eine Chance und lies erstmal weiter.*
***Zitat: Dagobert Duck, 1982*

"Esoterisch" heißt übersetzt "verborgen". Am besten sind wichtige Erkenntnisse verborgen, wenn sie im scheinbar Selbstverständlichen versteckt sind. Dementsprechend liegt die esoterische Bedeutung des Geldes im Grunde für jedermann sichtbar in seiner Eigenschaft als Energietransportmittel. Wie das Blut in Deinem Körper Nährstoffe zu jeder einzelnen Zelle schafft, transportiert Geld auf effektive Weise Energie zu den einzelnen Zellen der Gesellschaft. Also zum Beispiel zu Dir und mir. Wenn Du arbeitest und dafür bezahlt wirst, bekommst Du damit Deine kondensierte Arbeitsenergie (den von Dir geschaffenen Mehrwert), die Du wiederum anderen als Austausch für ihre vielfältigen Arbeitsleistungen geben kannst. Direkt läßt sich diese Energie nicht gut in die Tasche stecken - also gibt es als allgemein anerkanntes Symbol dafür eine dem Marktwert der Leistung entsprechende Menge Geld. "So weit, so gut!", sagst Du jetzt vielleicht, "aber das ist mir bekannt, was ist daran esoterisch?" Nun, wenn Geld ein Energiespeicher und -transportmittel ist und von dem, der es aus der Hand gibt, durch seine persönliche Leistung aufgeladen wird, befördert es neben der "Wertschwingung" auch andere Energiequalitäten, die durch die individuelle Art des Umgangs mit der Arbeit oder der Ware freigesetzt werden.*

---

*Es ist eine seit langem unter Esoterikern bekannte Tatsache, daß Gegenstände von den Leuten, die sie berühren, mit persönlichen Energiemustern imprägniert werden. So lassen sich zum Beispiel an Hand getragener Kleidungsstücke mittels eines Pendels zutreffende Aussagen über den Träger ermitteln, Tarot-Spiele werden zum Schutz vor den Energien anderer in isolierende Seide gehüllt und ohne diesen Schutz nicht aus der Hand gegeben. Bei der Heilarbeit mit Edelsteinen ist es selbstverständlich, diese vor Gebrauch energetisch zu reinigen, damit nur die gewünschten Schwingungen weitergegeben werden und es wird auch darauf geachtet, möglichst in energetisch ausgeglichenen Räumen spirituelle Übungen zu machen. Dazu werden zum Beispiel Räucherungen mit Kräutern (Salbei) oder Anwendungen des 2. Reikigrades benutzt. Dieses wichtige Wissen läßt sich auch auf Geld, das ja durch so viele Hände geht und dadurch mit allen möglichen Energien geradezu vollgetankt ist, anwenden.

17

Verschleuderst Du Geld für Sachen, die Du eigentlich gar nicht brauchst, die Dir und anderen vielleicht sogar schaden und bist Dir darüber noch nicht einmal im klaren, wird das Geld auch mit dieser Schwingung aufgeladen und wird die Menschen, die mit ihm in Berührung kommen, entsprechend beeinflussen. Je nach Charakterstärke, momentaner Verfassung und der Menge des Geldes mehr oder weniger stark. Wird das Geld dagegen bewußt, fair, mit Freude und Achtung vor der eingetauschten Leistung ausgegeben, werden die wirklichen Bedürfnisse des betreffenden Menschen damit befriedigt, breitet sich eben diese bewußte, liebevolle und harmonische Schwingung in der Gesellschaft aus. So hast Du jedesmal, wenn Du Geld ausgibst, die Gelegenheit, unsere gesamte Gesellschaft ein Stück in Richtung Lebensfreude, Bewußtheit und Liebe zu bewegen. Toll, was?! Und genau deswegen gibt es Geld auch - es ist eine von den vielen wunderbaren Entwicklungsmöglichkeiten, die uns der Schöpfer direkt vor die Nase gesetzt, beziehungsweise in unsere Hände gelegt hat. Wir müssen nur die aus Unverständnis erwachsenen Vorurteile loslassen, verstehen, wie der harmonische, spirituelle Umgang mit Geld funktioniert und danach leben. Damit Du alle Möglichkeiten, die dieses wunderbare Mittel zur persönlichen und gesellschaftlichen Transformation bietet, nutzen kannst, möchte ich Dir noch ein bißchen mehr über Geld aus der spirituellen Perspektive erklären.

Warum verwenden Menschen Geld?

In sogenannten Naturgesellschaften gibt es kein Geld, dort wird in erster Linie der Naturalientausch betrieben. An den Tauschprozessen sind verhältnismäßig wenige Menschen beteiligt. Die Verarbeitung der Produkte durchläuft nicht allzu viele Stufen und die Menge der Waren ist verhältnismäßig begrenzt. Man kennt sich meistens und ist zum Beispiel über den "Hühner/Kohl-Kurs" informiert. In diesem Zusammenhang funktioniert der direkte Tausch einer Ware gegen eine andere. Je mehr Menschen an den wirtschaftlichen Prozessen beteiligt sind, je weiter der Käufer vom Verkäufer entfernt lebt, und um so größer die Vielfalt der Waren und Dienstleistungen ist, desto schwieriger gestaltet sich der Naturalientausch. Was würdest Du zum Beispiel davon halten, wenn Dein Arbeitgeber Dir als Bezahlung für Deine Arbeit eine Ziege, zwanzig Eier, zwei Kohlköpfe und sieben Kilo Kartoffeln geben würde? Wo würdest Du das alles aufbewahren, bis Du es brauchst? Wie würdest Du damit auf ein Haus, einen Urlaub sparen? Was machst Du, wenn Du nur einen kleinen Wert zum Handeln, zum Beispiel für eine Kerze benötigst, und nur noch die Ziege übrig ist, die der Kerzenverkäufer wegen Überfüllung seines Ziegenstalles nicht mehr gebrauchen kann? Du merkst, in einer weit entwickelten, arbeitsteiligen Gesellschaft, wie der unseren ist es nicht möglich, Geld abzuschaffen. Nichts würde mehr laufen! Geld wurde genau aus diesen Gründen von pfiffigen Menschen erfunden, um das Leben aller zu erleichtern. Geld ist im Grunde Energie und wo Energie leicht und natürlich fließt, werden Stauungen, die Disharmonien nach sich ziehen, kaum auftreten. Ein fließendes Gewässer reinigt sich von selbst. Nur der Tümpel ohne Zu- und Abfluß hat fauliges Wasser, das man nicht trinken kann, ohne zu erkranken. Viele Dinge werden durch die Erfindung des Geldes sogar erst möglich - wie sollte zum Beispiel in Europa eine Spendensammlung mit dem Zweck durchgeführt werden, Wohnungen in Indien zu bauen, wenn Geld nicht da wäre? Würde "in Naturalien" gesammelt, wären allein die Transportkosten astronomisch und würden den Sinn der ganzen Aktion in Frage stellen. Geld abzuschaffen ist also nicht sinnvoll.

Noch einmal zusammengefaßt die Vorteile, die Geld bietet:

- einfacher Tausch von Waren und Dienstleistungen
- einfache Art des Ansammelns (Sparens) von Wert für größere Vorhaben

- einfache Weitergabe von Werten über große Entfernungen oder über größere Zeitabstände
- für jeden leicht feststellbarer, verständlicher und relativ stabiler Tauschwert (eine eingetauschte Ziege kann am nächsten Tag an einer Krankheit sterben, damit ginge der Wert gegen "0" - der Geldwert ist dagegen im allgemeinen sehr viel stabiler)
- geringer Platzbedarf

Geld und Zinsen aus ganzheitlicher Sicht

In den letzten Jahren habe ich immer wieder von vielen Vordenkern der alternativen und esoterischen Szene gehört, Zinsen müßten abgeschafft werden, da sie die Wurzel der Ausbeutung, der sozialen Ungleichgewichte etc. wären. Es ist wohl an der Zeit, einige Vorurteile über dieses Thema loszulassen und eine ganzheitliche, spirituell orientierte Sichtweise dazu zu entwickeln. Schau Dir meine Ideen* zu "Geld und Zinsen" mal an und setze Dich ernsthaft mit ihnen auseinander. Auch und gerade, wenn Du eine andere Meinung dazu vertreten solltest. Vielleicht findest Du diese neue Sichtweise ja doch ganz sinnvoll, wenn Du Dich ausgeärgert hast...

Zinsen als Ansporn zum effektiven Gebrauch von Geld

Ich möchte jetzt nicht auf die vielen wirtschaftlichen Gründe für Zinsen eingehen. Wenn Du Dich dafür interessierst, besorge Dir ein gutes Buch über grundlegende wirtschaftliche Fragen. In diesem Abschnitt möchte ich stattdessen aus der spirituellen Sicht

---

*Natürlich sind es nicht meine Ideen. Ich koche auch nur mit Wasser und wende die uralten Weisheiten der großen spirituellen Traditionen auf das Thema "Geld" an.

den Sinn der Zinsen erklären. Hast Du diesen verstanden, wirst Du eine ganz neue, ganzheitlichere Art entwickeln, mit Schulden umzugehen. Je mehr Menschen verstehen, worum es bei Krediten und Zinsen wirklich geht, desto schneller wird unsere Wirtschaft ein Motor der spirituellen Entwicklung werden. Schau Dir an, wie das funktioniert.

Brauchst Du mehr Geld (Energie) als Du gerade zur Verfügung hast, um eine Deiner Vorstellungen Gestalt annehmen zu lassen, kannst Du Dir von jemandem, der Dir genug vertraut ist, gegen Zinsen welches leihen. So bist Du in der glücklichen Lage, mehr tun zu können, als sich mit Deinen eigenen Mitteln machen ließe. Damit benutzt Du eine Art Hebelwirkung. Reichen Deine eigenen Kräfte nicht für ein Vorhaben, kannst Du etwas tun, um Dir von Deinen Mitmenschen soviel Energie zufließen zu lassen, bis sich Dein Plan ausführen läßt. Auf diese Weise können die zur Zeit von anderen nicht benötigten Kräfte genutzt werden, um die Schöpfung weiterlaufen zu lassen, Vorstellungen zu realisieren und neue Erfahrungsmöglichkeiten zu schaffen. Ohne diese Methode der Einbeziehung brachliegender Reserven würden viele wichtige Entwicklungsmöglichkeiten vertan und viele Erfahrungen nie gemacht werden können. Also ein durchaus vernünftiges System, das Ausleihen von Geld (Energie). Doch warum sollen eigentlich Menschen ihre angesammelten Energien für ein Vorhaben zur Verfügung stellen, ohne für diese Leistung eine Gegenleistung zu bekommen? Sie könnten diese Energie ja schließlich auch selbst verwenden, um ihre Mittel zu vermehren und ihr Wachstum zu fördern. Eine Lösung dafür wäre, wenn jemand, der sich Kraft leihen möchte, anbietet, dem Eigentümer in dem entsprechenden Zeitraum soviel Energie zukommen zu lassen, wie dieser glaubt erwirtschaften zu können, würde er seine Mittel selbst nutzen. Nun, dieser Energierückfluß wird als "Zins" bezeichnet! Durch das Mittel der Zinsen entgeht niemandem etwas. Außerdem ist der Schuldner durch den stetigen Abfluß von Energie angehalten, möglichst effektiv mit der geborgten Kraft umzugehen und mehr zu erwirtschaften, als seine Gläubiger es hätten tun können. Es gibt noch einen weiteren wichtigen Nutzen von Krediten und

Zinsen. Es ist Dir sicher bekannt, daß die Kräfte von Yin und Yang, Ruhe und Aktivität, im Ausgleich sein müssen, wenn Harmonie herrschen soll. Außerdem wechseln sich diese beiden Qualitäten regelmäßig ab - auf eine Zeit der Ruhe folgt eine Phase der Aktivität, darauf wieder eine Erholungspause, und so weiter. Je stärker eine Phase ausgeprägt ist, desto stärker, nur entgegengesetzt in der Qualität, wird auch die nachfolgende sein. Wenn Du während einer Yang-Zeit mit den Dir zur Verfügung stehenden Mitteln arbeitest, nimmst Du aktiv an dem allgemeinen Prozeß des Wachstums und der Vervollkommnung der Schöpfung aktiv teil. Ruhst Du Dich dann aus, ist das vollkommen richtig und wichtig für Dich. Doch während dieser Erholungspause liegen Deine Kräfte weitgehend brach. Sie werden nicht genutzt, und das ist nicht im Sinne der Schöpferkraft. Denn diese trachtet immer danach, alle Mittel möglichst effektiv einzusetzen, um den größtmöglichen Fortschritt im allgemeinen Wachstum und der Erhöhung ihrer Qualität zu gewährleisten. Außerdem wird es immer viele Leute geben, die gerade ihre Yang-Zeit haben, also in ihrer Arbeitsphase sind und vielleicht noch Hände frei haben, mit denen sie Deine Reserven nutzen könnten, um sich und den Rest der Welt weiterzubringen. Stellst Du ihnen Deine Mittel zur Verfügung, bis Du sie wieder selbst benötigst, können sie mehr aus ihrer Zeit machen und Du gehst durch die von ihnen einkassierten Zinsen gestärkt aus der Yin-Zeit hervor. Mit mehr Mitteln ausgestattet, kannst Du nun noch mehr in Bewegung setzen. Es sei denn, und dies ist eine weitere Perspektive, Du hast nun mehr Reserven, als Du mit Deinen Fähigkeiten sinnvoll nutzen kannst. Soll deswegen der überflüssige Teil nutzlos herumliegen? Warum ihn nicht an einen anderen für eine Gegenleistung vermieten und so Deinen Nutzen und den der anderen durch einen optimalen Einsatz der vorhandenen Mittel mehren?

Hört sich doch alles ganz gut an, nicht?! "Aber könnte man das nicht auch ohne Zinsen haben?", fragst Du jetzt vielleicht. Sicher ginge das alles auch ohne Zinsen, nur müßte dann die menschliche Freiheit im Denken und Handeln durch eine zentrale Steuerung ersetzt werden, die die Energien auf die richtige Art und Weise verteilt. Wir wären dann alle Marionetten, die nach der Pfeife eines kosmischen Wirtschaftsministers tanzen würden. Eine andere Alternative wäre Vollkommenheit. Wären wir alle und der Rest der Schöpfung perfekt, brauchte es weder Geld noch Zinsen, noch überhaupt diese Ebene der Schöpfung, die materielle Welt. Mir gefällt beides nicht, mal davon abgesehen, daß weder Du noch ich, noch sonst irgend jemand eine der beiden Möglichkeiten schaffen könnten. Ich genieße meine Freiheit, möchte das Recht haben, Fehler zu machen und aus ihnen zu lernen und mich dann über meine selbstgebauten Erfolge freuen. Gegen einen "kosmischen Marionettenspieler" würde ich einen Aufstand anzetteln, denn ich mag keine Diktaturen. Sie sind nun mal nicht sehr liebevoll und fördernd für die Persönlichkeitsentwicklung. Perfekt möchte ich auch nicht sein. Gerade meine Unvollkommenheit gibt mir die Möglichkeit, Liebe, Mitgefühl und Verantwortungsbewußtsein zu entwickeln. Das möchte ich nicht missen. Wie ginge es Dir, hättest Du die Wahl zwischen den drei Wegen?

Zusammenfassung

- Zinsen helfen dabei, die zur Verfügung stehenden Kräfte möglichst effektiv zu nutzen.

- Zinsen sind ein fairer Ausgleich für die zeitweilige Nutzung der Kräfte anderer, denen für diese Zeit ihre Energie nicht zur Verfügung steht.

- Zinsen stärken die Bewußtheit der eigenen Möglichkeiten und das verantwortungsbewußte Handeln.

Geld und das Wurzelchakra

Im System der Chakren, der Verteilungsstellen der verschiedenen Aspekte der Lebensenergie im Körper, läßt sich Geld weitgehend dem Wurzelchakra zuordnen. Dieses Energiezentrum kontrolliert unter anderem auch das Blut im Organismus. Das Geld, das im Organismus der Gesellschaft viele Aufgaben des Blutes im menschlichen Körper wahrnimmt, gehört ebenfalls zu diesem Zentrum. Beide verteilen lebensfördernde Energien. Das Wurzelchakra sichert im weitesten Sinne das Überleben und differenzierter, die Funktionen des Kämpfens und Flüchtens, der arterhaltenden Sexualität* und der festen Verankerung in der Welt der Materie. Geld läßt sich benutzen, um das eigene Überleben und das anderer zu sichern. Es stellt eine Verbindung mit der Materie her, da es ein Energiespeicher ist, der durch den konstruktiven Umgang mit den verschiedenen Teilen der Schöpfung (Arbeitsleistung) aufgeladen werden kann.

Was bringt Dir nun das Wissen um die energetische Zuordnung des Geldes? Einmal weißt Du jetzt, wo Du ansetzen kannst, wenn jemand chronische Schwierigkeiten im Umgang mit Geld hat. Es gibt heute eine Unmenge Möglichkeiten zur Harmonisierung und Stärkung der Chakren. Bist Du nicht mit diesem Gebiet vertraut, kannst Du Dir in einem der in der kommentierten Bibliographie im Anhang erwähnten Werke einen Überblick verschaffen. Zum anderen kannst Du Dich umfassend über die Aufgaben des Wurzelchakras informieren und so Bewußtseinsarbeit leisten, die neuen Störungen vorbeugt und alte leichter heilbar macht. Solange jemand glaubt, seine Geldprobleme hätten im Grunde nichts mit der Entwicklung seiner Persönlichkeit zu tun, bleiben wichtige Wachstumschancen ungenutzt, und er kommt nicht wirklich weiter, da er seine Wurzeln verkümmern läßt. Außerdem erschließt sich die esoterische Dimension alltäg-

---

*Als wirtschaftliche Entsprechung: der Gewinn, die Vermehrung und Verbesserung der materiellen Möglichkeiten.

licher Erfahrungen mit diesem Wissen sehr viel leichter. Dies wiederum ist eine unabdingbare Voraussetzung für die Spiritualisierung des alltäglichen Lebens.

Geldarbeit ist Lichtarbeit!

Zum Abschluß dieses Kapitels noch ein paar Gedanken zu der Anwendung des hier dargelegten Wissens: Theorie und Praxis sind zwei paar Schuhe. Vielleicht glaubst Du, die hier vorgestellten Ideen seien ganz nett, nur nicht so recht in der Praxis anwendbar. Nun, bei mir klappt es immer besser, je mehr ich mich traue, die mir von meinen geistigen Lehrern übermittelten Grundsätze anzuwenden. Ich habe natürlich erst im Kleinen Erfahrungen damit gesammelt. Inzwischen sind es schon größere Bereiche. Immer, wenn ich mich nach bestem Können und Wissen bemüht habe, im Strom des Lebens mitzuschwimmen und an der Spiritualisierung der Welt mitzuarbeiten, hatte ich Erfolg. Probiere es doch auch mal aus! Erst mit kleinen Schritten und dann, wenn Du siehst, daß es klappt, mit größeren. Ich wünsche Dir den Mut und die Kraft dazu. In Deinem Interesse und in dem der übrigen Schöpfung, die einen weiteren Lichtarbeiter dringend braucht.

Drei Merksätze zum ganzheitlichen Gebrauch von Geld und Zinsen

1. Das Gesetz des fairen Handels

Jede Leistung muß mit einer passenden Gegenleistung beantwortet werden, um die gleichmäßige, harmonische Energieverteilung im Universum zu garantieren. Wird die Gegenleistung nicht bewußt und freiwillig gegeben, entstehen Disharmonien und Ungleichgewichte, die nach Lösung drängen (Aufbau von karmischen Bindungen!).

2. Das Gesetz des Reichtums durch Liebe und Bewußtheit

Je bewußter und liebevoller jemand Leistung und Gegenleistung austauscht, desto höher und nachhaltiger ist sein ganzheitlicher Gewinn. Je weniger bewußt und liebevoll er sich an dem Austauschprozeß beteiligt, desto geringer ist sein Gewinn im ganzheitlichen Sinne.

3. Das Gesetz der optimalen Nutzung der kosmischen Kräfte

Die ungenutzten Kräfte des Universums können von einzelnen Wesen angezogen und zur Steigerung ihrer persönlichen Schöpfungsmöglichkeiten verwendet werden. Damit diese Energieumverteilung keine Disharmonien im Strom des Lebens erzeugt, muß der so Begünstigte den Rückfluß der Kraft zum Ursprung garantieren, sobald er sie nicht mehr zur Verwirklichung seines Vorhabens braucht. Er muß außerdem den Eigentümern der Energie soviel neue Kraft zufließen lassen, wie diese selbst mit den ausgeliehenen Mitteln im Zeitraum der Nutzung hätten schaffen können.

2. Kapitel

Der spirituelle Sinn des Reichtums

Was ist Reichtum im esoterischen Sinne?

Es gibt Menschen, die meinen, Reichtum hätte allein mit einer möglichst großen Anhäufung von Geld und Besitz zu tun. Nun, ich kenne viele Leute, die nach diesen Maßstäben bewertet *sehr* reich sind. Verstehst Du Reichtum aber ganzheitlich, sind sie oft bitter arm.

Die Reichen müßten sehr glücklich sein, wenn sie nur halb so glücklich wären, wie die Armen glauben! (Charles Tschopp)

Aus der spirituellen Sicht ist der reich, der genug materielle Möglichkeiten hat, um alles für ihn Wichtige auf seinem Weg lernen und sich dabei mit allen seinen Fähigkeiten möglichst weitgehend verwirklichen zu können. Der durch die persönliche Leistung und die Gunst des Schöpfers produzierte Überfluß soll die Mittel bereitstellen, weiter zu wachsen und Bedürfnisse zu befriedigen, und er soll denen zukommen, die gerade mehr brauchen, als sie selbst an Reserven zur Verfügung haben. Hat jemand zuwenig materielle Möglichkeiten, entgehen ihm wichtige Lernschritte oder werden verzögert. Außerdem lebt er nicht im Zustand des Überflußes, der nötig ist, um anderen Wesen zu gewissen Zeiten Selbstverwirklichungsmöglichkeiten geben zu können, ohne dadurch selbst Mittel für die eigene Entfaltung entbehren zu müssen. Hat jemand sehr viel mehr bei sich, als er für seine Erfahrungen gerade braucht, wird er schwerfällig und unflexibel, wie ein Mensch, der zuviel Körpermasse ohne direkte Funktion - Übergewicht - mit sich herumschleppt. Deswegen kann er sich nicht mit all seiner Aufmerksamkeit und Kraft um die Entfaltung seiner Persönlichkeit kümmern. In diesem Fall ist es vernünftig, die ungenutzten Mittel einer sinnvollen Verwendung im Rahmen der eigenen Entwicklung zuzuführen oder sie solange anderen für konstruktive Vorhaben zur Verfügung zu stellen, bis man sie selber wieder wirklich brauchen kann. Je mehr "totes Kapital" herumliegt, desto stärker wird die Entwicklung des Besitzers durch diesen Ballast behindert.

Reichtum ist also keine objektive, sondern eine subjektive Größe. Du kannst mit DM 1000,- im Monat reich und mit DM 100.000,- im Monat arm sein: je nachdem, was Du mit den Dir zur Verfügung stehenden Mitteln anfängst. Ist Dir diese Tatsache wirklich klar geworden, wirst Du viel mehr aus Deinem Leben machen können, als Du Dir jemals erträumt hast.

Warum wollen Menschen reich werden?

Praktisch jeder Mensch möchte gern reich sein. Auch die, die es erstmal rundweg ablehnen. Ich habe immer wieder beobachtet, daß Menschen, die die Armut lobten, ziemlich bald den Reichtum priesen - wenn er für sie erreichbar wurde. Nun gibt es aber die unterschiedlichsten Motive, Reichtum anzustreben.

Einmal ist da die Angst. Sehr viele Menschen möchten gerne viel Geld und Besitz ihr eigen nennen, um vor den Risiken des Lebens geschützt zu sein. Sie meinen, daß sich Geborgenheit und Schutz kaufen lassen. Die Realität beweist allerdings immer wieder das Gegenteil. Gerade die, die reich im materiellen Sinne sind, werden zum Beispiel oft zum Ziel von schlimmen Verbrechen aller Art. Es gibt nun mal eine Menge Leute, die einem Reichen Geld und Besitz abnehmen möchten, um selber reich zu werden. Weiterhin verbreiten sich leicht Gier, Ängste, Neid, Mißtrauen und Geiz im Herzen, wenn der Reichtum eines Menschen nicht ganzheitlich verstanden und genutzt wird. Dies führt zu Kampf, Streit und ... immer mehr Angst um das eigene Wohlergehen, das ja ständig bedroht wird. Das trägt nicht gerade zu Glück und Harmonie bei.

Viele Menschen wollen reich werden, weil sie glauben, damit mehr Lebensqualität zu bekommen. Doch auch diese Erwartung kann trügen. Jedenfalls immer dann, wenn der Betreffende nicht lernt, während er die Stufenleiter des Erfolges erklimmt, was Reichtum im ganzheitlichen Sinne bedeutet und wie er vernünftig zu nutzen ist. Lebensqualität erwächst aus einer liebevollen, dankbaren Seele, die die Möglichkeiten der Schöpfung sinnvoll zu gebrauchen versteht. Wer reich an materiellen Gütern sein möchte, weil er glaubt, erst dann richtig leben zu können, geht auch an den wichtigen Erfahrungen vorbei, die er an den vermeintlich "armen" Stationen seines Lebensweges machen könnte. Überall liegen so viele Schätze für jeden herum: das fröhliche Zusammensein mit wirklichen Freunden, ein stimmungsvoller Sonnenuntergang, schmackhaftes, liebevoll zubereitetes Essen, ein wertvolles Buch, die sinnlichen Erfahrungen mit einem geliebten Partner... Die Liste ist unendlich lang! Dieser Reichtum ist für jeden zugänglich, ob Millionär oder nicht. Es gibt auf jeder Station Deines Weges so viel zu lernen. Wenn Du reich werden willst, ist die beste Voraussetzung dafür, jederzeit für alle Geschenke offen zu sein und sie nicht gering zu schätzen, weil sie nicht sofort in Mark und Pfennig umzusetzen sind. Wer immer nach dem großen, fernen Ziel "Reichtum" schaut, übersieht den voll gepackten Gabentisch vor seiner Nase: die beste Voraussetzung, im ganzheitlichen Sinne arm zu bleiben.

Möchtest Du im ganzheitlichen Sinne reich werden, bist Du auf einem wirklich erfolgversprechenden Wege. Für Dich habe ich dieses Buch geschrieben. Die anderen legen es sowieso bald aus der Hand, wenn sie das erwartete Rezept, in einem Jahr Millionär zu werden, nicht finden. Doch bevor wir uns zusammen näher anschauen, was natürlicher, ganzheitlicher Reichtum ist und wie er sich sinnvoll nutzen läßt, möchte ich noch auf eine Barriere eingehen, die viele Menschen daran hindert, reich zu werden oder ihren Reichtum segenspendend zu nutzen.

Warum haben Menschen Angst vor Reichtum?

Wenn Du reich bist, hast Du grundsätzlich viele Möglichkeiten. Diese Form von Macht, von Energie, kann alle Teile Deines Wesens stärker hervortreten lassen. Es ist so wie bei einer Lampe, die durch einen Dimmer in ihrer Helligkeit geregelt wird. Drehst Du ihn herunter und läßt auf diese Weise wenig Strom fließen, glimmt die Lampe nur. Drehst Du ihn hoch, führst mehr Kraft zu, leuchtet sie hell in den Raum - und die Schatten von Dingen, die dem Licht im Wege stehen, treten schärfer hervor. Auch die immer vorhandenen Schattenseiten in Dir, die nicht verstandenen, nicht erlösten und geliebten Anteile Deiner Persönlichkeit, treten durch mehr Energie, die Dir zur Verfügung steht, stärker hervor. Macht korrumpiert nicht, wie oft fälschlicherweise geglaubt wird. Sie gibt der latenten Korruptheit nur die Möglichkeit, sich zu betätigen. Es kann dann schon eine Menge Angst machen, mit diesen Seiten des eigenen Charakters konfrontiert zu werden. Illusionen über das Selbstbild müssen früher oder später aufgegeben werden und die konstruktive Auseinandersetzung mit den eigenen Schatten, den vermeintlichen Dämonen, kostet *erstmal* eine Menge Kraft und tut mitunter durch die Reibung an den eigenen Widerständen sehr weh. Natürlich geht es Dir *hinterher* sehr viel besser. Aber eben erst nach einer mehr oder minder langen Durststrecke. Vielleicht hältst Du auch nicht durch und gehst an den Anforderungen, die Deine schwachen Kräfte* übersteigen, zu Grunde?! Manche Freunde, die eigentlich nie welche waren, werden sich wahrscheinlich aus Neid oder Angst von Dir abwenden. Wirst Du neue finden oder einsam zurückbleiben? Wer kann das wissen! Chance und Risiko liegen immer dicht beieinander. Wenn Du es nicht ausprobierst, wirst Du nie genau wissen, ob Du mit einer solchen Situation fertig wirst oder nicht. Doch wagst Du es und setzt alle Deine Kräfte ein, ist eines gewiß: Du wirst *immer* viel weiter kommen in der Entfaltung Deiner Persönlichkeit. Du

---

Im Grunde ist niemand wirklich schwach. Aber viele möchten es gern sein, um nicht auf eigenen Füßen stehen zu müssen!

erfährst, was wirklich in Dir steckt, siehst Deine Möglichkeiten - und Deine Grenzen - viel klarer, sammelst viele wichtige Erfahrungen und lernst, neue Dinge zu tun. So gerüstet und gewachsen wirst Du mit jedem neuen Anlauf weiter kommen. Irgendwann verlierst Du dann die Angst vor dem vermeintlichen Scheitern und erkennst:

Der Weg ist das einzige wichtige Ziel im Leben eines Menschen (Walter Lübeck)

Diese im ganzheitlichen Sinne realistische Einstellung öffnet Dir alle Tore zu Glück und Erfolg, denn Du kannst *niemals mehr verlieren*. Doch wie gehst Du jetzt konkret mit den Problemen des Weges um? Mach Dir klar, daß Du immer, wenn Du herausgefordert wirst, zwei Möglichkeiten hast: Einmal kannst Du auf Deine Kraft bauen. Hast Du sie wirklich gefunden und vertraust ihr, ist da eine Menge Energie, und es gibt viele Fähigkeiten, die Dir helfen können, mit den Schwierigkeiten, die die neuen Lernsituationen mit sich bringen, fertig zu werden. Vielleicht reichen sie aus...

Die andere Wahl ist, zu tun, was immer für Dich machbar ist und die Schöpferkraft um Beistand für das zu bitten, was Du nicht selbst erledigen kannst, um Erfolg zu haben und weiter zu kommen. Vielleicht hört sich dieser Weg für Dich etwas abgehoben an, aber er funktioniert immer wieder gut. Tue wirklich alles, was Du kannst, handle reinen Herzens mit dem Vorsatz, dem Nutzen aller Beteiligten zu dienen und vertraue im übrigen auf den Segen von oben, den Du zur Vervollkommnung Deiner Bemühungen erbittest. Natürlich wirst Du auch dann Angst haben, manches, was Du unbedingt haben wolltest, nicht zu bekommen und erstmal ein langes Gesicht ziehen. Aber die Umstände werden Dir viel mehr helfen, als Du Dir vielleicht jetzt vorstellen kannst. Nimmst Du dann die Früchte Deiner Arbeit an, was immer sie auch sind, wirst Du später feststellen, daß diese viel süßer und gesünder sind, als die, die Du ursprünglich haben wolltest. Das Universum sorgt jedesmal auf optimale Weise für Dich - wenn Du es zuläßt!

Wage es ruhig, den Weg des natürlichen, ganzheitlichen Reichtums zu gehen. Letztlich bietet nur er Dir die Chance, alles was Du sein kannst, zu erfahren, die Früchte Deiner Leistungen reifen zu sehen, sie zusammen mit anderen fröhlich ernten zu können und so ein erfülltes Leben zu genießen. Handelst Du auf diese Weise, wird Dir die Erfahrung immer mehr Sicherheit geben und Du kannst, getragen von dem Fluß der universellen Lebensenergie, Deine Talente zum Nutzen aller Wesen entwickeln und einsetzen. Die Angst wird im Laufe der Zeit für Dich ihre Bedrohlichkeit verlieren. Du wirst wissen, daß Dir immer Unterstützung für Deine Vorhaben zufließt. Nie wirst Du einsam und ohne Freunde sein. Du förderst die Schöpfung und diese revanchiert sich, indem sie Dich mit aller Umsicht und ihren gewaltigen Kräften unterstützt. Reiche dem Schöpfer die Hand und Du wirst reich. Denke in diesem Zusammenhang bei gegebenem Anlaß, sozusagen als Hausaufgabe, über den Satz: "Gott geht nur gleichberechtigte Partnerschaften ein!" nach und meditiere immer wieder darüber.

Natur und Reichtum

Die Natur fördert ein Leben in Reichtum und Überfluß. Schau Dir die Bäume an: sie schöpfen aus ihrer Umgebung, nehmen Wasser, Sonnenlicht, Mineralstoffe und Kohlendioxid auf. Erhalten damit ihr Leben, wachsen in die Breite und die Höhe. Damit nicht genug - sie schenken der Umwelt aus ihrem Überfluß auch noch Sauerstoff, Wasserdampf, ihre Früchte und im Herbst ihr Laub. Vögel nisten in ihren Kronen und anderes kleines Getier unter ihren starken Wurzeln. In jedem Jahr werden sie größer und kraftvoller und können noch mehr für den Rest der Schöpfung tun. Das ist der Reichtum der Natur!

Versuche dieses Bild auf Dein Leben zu übertragen und natürlich mit dem Dir zuströmenden Reichtum umgehen zu lernen. Sei wie ein Baum. Mach Dir die Gelegenheiten, zu wachsen, zu lernen und allerlei Nützliches anzunehmen, bewußt.

Es gibt sie immer, in jeder Sekunde Deines Lebens. Der einzige, der diesen Reichtum von Dir weg halten kann, bist Du selbst. Tue einfach, was es zu tun gibt. Versuche, möglichst viel aus Deinen Fähigkeiten zu machen und lerne, Deinen Willen, bestimmte Dinge zu einem bestimmten Zeitpunkt unbedingt bekommen zu wollen, aufzugeben. Die Überzeugung, zu wissen, was Du brauchst, ist das größte Hindernis auf dem Weg zum Reichtum. Der Baum nimmt, was ihm die Umgebung bietet. Orientiere Dich daran. Es gibt immer Situationen, in denen Du das Gefühl hast, sie wären langweilig, überflüssig, einfach falsch. Aber irgendwie kommst Du dort trotz aller Anstrengungen im Moment nicht heraus. Jetzt ist ein wichtiger Augenblick da! Du solltest ihn nutzen und mit wachen Sinnen herauszufinden versuchen, welche verborgene Chance da für Dich bereitgestellt ist. Es gibt sie, sei sicher! In dem Moment, wo Du einen Menschen kennenlernst, Dir einige Informationen merkst, bestimmte Erfahrungen sammelst, weißt Du höchstwahrscheinlich noch nicht, wozu das gut sein soll. Eine Weile später werden sich dann die Mosaiksteinchen zusammenfügen und Du wirst verstehen ...

Ich gebe eine Menge Seminare und halte Vorträge zu den unterschiedlichsten Themen und muß mich darauf natürlich auch eingehend vorbereiten. Würde ich dies versuchen, indem ich mir einige Stunden Zeit nehme, Literatur zusammen zu sammeln, zu sichten und auswendig zu lernen, würde ich niemals rechtzeitig fertig und müßte mich auf einige wenige Themen beschränken. Stattdessen halte ich alle meine Sinne für die Informationen, Denk- und Fühlanstöße offen, die mir die kosmischen Kräfte zur Erfüllung meiner Aufgaben zuspielen. Alles, was ich bemerke, suche ich zu verstehen, in seinem tieferen Sinn zu erfassen, den verborgenen, esoterischen Zusammenhang zu finden. Immer wenn ich mich auf diese Zusammenarbeit verlasse, bin ich automatisch gut vorbereitet - und dieses Spiel macht sogar noch eine Menge Spaß! Das Leben wird zum spannenden Abenteuer. Probleme bekomme ich nur, wenn ich verkrampft an eine solche Situation herangehe und nur aus meiner Kraft vorwärts kommen will. Falls Du diese Art zu leben, zu lernen und zu spielen bereits kennst - laß Dich bewußt und immer häufiger darauf ein. Sind das für Dich böhmische Dörfer, entdecke das Unbekannte und laß Dich reich beschenken!

Diese natürliche Offenheit, Angebote zu nutzen, wird in der uralten chinesischen Lebensweisheit WU WEI, absichtsloses Handeln, genannt. Anstatt Dir den Kopf darüber zu zerbrechen, mit welchen Klimmzügen Du ein vermeintlich erstrebenswertes Ziel erreichen kannst, verbrate Dein Gehirnschmalz lieber dabei, herauszufinden, wie Du das, was Dir an Chancen über den Weg läuft, möglichst schnell erkennen und optimal nutzen kannst. Auf diese Weise wird es Dir immer besser gehen und Du wirst viel mehr erreichen können, weil Dir der Strom des Lebens bei allen Vorhaben hilft. Auch hierfür gibt es in der chinesischen Philosophie einen passenden Ausdruck: Mit einer Unze 1000 Pfund bewegen. Diese eine Unze an eigener Kraft mußt Du im natürlichen Sinne einsetzen, den Rest erledigt die überall gegenwärtige Schöpferkraft für Dich und setzt das gewaltige Gewicht von 1000 Pfund in Bewegung.

Reichtum und Verantwortung

Wenn Du den Reichtum im ganzheitlichen Sinne, die Kraft, die Macht und die Fülle des Wissens und der Erkenntnis, die alle für Dich bereitstehen, erkennst und annimmst, übernimmst Du gleichzeitig eine Menge Verantwortung. Die kann ganz schön drücken. Du kannst versuchen, sie zu vergessen oder so tun, als könnte Dir jemand anders die Verantwortung für den Einsatz der Dir anvertrauten Kräfte abnehmen.

Der Preis der Größe heißt Verantwortung. (Winston Churchill)

Doch dem ist nicht so! Du mußt abwägen und entscheiden. So gut wie immer, ohne daß Du wirklich sicher sein kannst, alle notwendigen Informationen zu haben oder reif genug für die bewußte Wahl zu sein. Dabei ist es eigentlich gar nicht so schwer, mit der Verantwortung, die der Reichtum automatisch mit sich bringt, umzugehen. Du kennst das Verfahren schon: Tu Dein Bestes mit der Absicht, allen an der jeweiligen Situation Beteiligten etwas Gutes zukommen zu lassen. Bitte um Beistand bei dieser Aufgabe und vertraue darauf, daß Dir Hilfe zuteil wird. Verdrängst Du die Dir übertragene Verantwortung oder versuchst sie woanders abzuladen, ist das auch kein Beinbruch, denn dann wirst Du über kurz oder lang soviel an Reichtum verlieren, bis Du Dich traust, für die Nutzung des Restes geradezustehen.

So oder so wirst Du Dich also im Zusammenhang durch die Beschäftigung mit Reichtum mit dem Thema Verantwortung gründlich auseinandersetzen müssen. Kein Wunder - denn um den sinnvollen und sicheren Umgang mit Verantwortung zu erlernen, hat Dir das Universum ja den ganzen Kram zugeschoben! Solange Du weder über reichlich Kraft, noch Macht oder Wissen verfügst und damit praktisch herumhantieren kannst, ist es einfach unmöglich, verantwortungsbewußtes Handeln zu lernen. Du siehst, nichts kommt "nur so" zu Dir. Alles hat seinen Sinn, der letztlich immer darin besteht, Dich auf Deinem Weg wieder ein Stück voran zu bringen, Dich vollständiger und liebevoller zu machen.

Armut und Verantwortung

Ja, das gibt es auch! Einmal ist es so, daß Du in einer Situation der Armut lernen kannst, daß letztlich nur Du selbst Dir da raushelfen kannst. Solange Du anderen die Verantwortung für Deine mißliche Lage zuschiebst, kannst Du nicht längere Zeit reich werden und wirst irgendwie immer unzufrieden darüber sein, nicht genug Möglichkeiten zu haben. Erst wenn Du erkennst, *daß Du der Meister Deines Lebens bist*, also in der Lage, zu wählen, ob Du die Treppe herauf- oder heruntergehen willst, bist Du reif genug für mehr Verantwortung. Mehr Kraft, Macht und Wissen, die Du durch den Reichtum bekommst. Eine Dich betreffende Armuts-situation, egal in welcher Hinsicht, ist letztlich immer auf eine bewußte oder unbewußte Entscheidung, die *Du* getroffen hast, zurückzuführen. Du kannst Dich jederzeit neu entscheiden. Willst Du Reichtum erfahren, brauchst Du nur in die andere Richtung zu marschieren. Ist es Dir ernst mit Deiner Wahl, wirst Du genug Hilfe bekommen, um erste Erfahrungen machen zu können. Allerdings mußt Du dann auch die Konsequenzen eines neuen Lernschritts in Kauf nehmen (siehe oben). Eine andere Perspektive von Verantwortung und Armut ergibt sich für Dich, wenn Du Dich in eine Reichtumssituation begeben hast. Du verfügst nun über mehr Reserven, als Du direkt für Dich nutzen kannst. Jetzt ist es an der Zeit, anderen, die noch in Armutssituationen irgend einer Art stecken, mit Deinen Mitteln soweit und auf die richtige Weise unter die Arme zu greifen, damit sie selber weitergehen können. Du weißt ja aus eigener, hoffentlich noch nicht verdrängter Erfahrung, was das für eine miese Situation ist, arm zu sein.* Doch sei vorsichtig! Es geht nicht darum, ständig den Samariter zu spielen. Das, was Du gibst, soll dem anderen eine faire Chance geben, selber auf seine Art reich zu werden. Das ist Deine Aufgabe, wenn Du etwas von Deinem Überfluß zur Verfügung stellst. Nutzt er sie nicht, ist das seine Sache, nicht die Deine. Jeder Mensch muß seine Erfahrungen machen, und die Hilfe eines anderen soll diese ermöglichen, wenn er selber zu wenig Mittel zur Verfügung hat, um in Gang zu kommen. Wenn Du so willst, verhält es sich mit dieser Sache, wie mit dem Anlasser eines Motors. Der Anlasser übernimmt die Aufgabe, die Verbrennungsmaschine zu starten. Dann muß sie aber von alleine weiterlaufen!

Ob Reichtum oder Armut - beides ist eine Möglichkeit, die Verantwortungsfähigkeit zu entwickeln. Wenn auch auf unterschiedliche Weise. Wenn Du Dich mit diesen Themen befaßt, berücksichtige immer, daß jede Fähigkeit sinnvoll gebraucht sein will und jedes noch nicht sinnvoll gebrauchte Talent den Druck aufbaut, es zu entwickeln.

Was meinst Du, könnte der Satz wohl stimmen: "Nur wer die Armut wirklich verstanden hat, kann ein Leben in wirklichem Reichtum führen, ohne daran zu Grunde zu gehen."

Mißbrauchter Reichtum

Vielleicht stellt sich Dir jetzt die durchaus berechtigte Frage, wie es denn nun möglich sei, daß in unserer Welt so viel Überfluß produziert und augenscheinlich mißbraucht wird. Ist das kosmische Gesetz da nicht irgendwo falsch? Oder ist die Sache mit dem Überfluß und der ganzen Kohle doch eine Angelegenheit des Teufels, und ich habe womöglich die ganze Zeit versucht, Dich zu beschubsen?

Weder noch. Erstmal haben wir Menschen ein unschätzbares Geschenk mit in die Wiege gelegt bekommen, das wohl für den meisten *Troubles* in der Welt verantwortlich ist: unsere Freiheit zu tun und zu lassen, zu denken und zu fühlen, wie und was wir wollen. Zum zweiten haben wir alle bei unserem Eintritt in diese Ebene der Schöpfung auch eine Auflage bekommen: wir sollen Erfahrungen machen! Wenn wir den Sinn der ganzen Sache halbwegs begriffen haben, können wir unsere Freiheit nutzen, um die Erfahrungen möglichst leicht und spielerisch mit viel Spaß zu erleben und dabei auf effektive Art lernen und uns entfalten. Wir können zusammenarbeiten, Beziehungen mit Sinn füllen, gleichberechtigt mit anderen Menschen, den anderen Wesen dieser Welt und den kosmischen Kräften Aufbauarbeit leisten. Gott findet diese Entscheidung wohl gut, denn die Leute, die danach leben, machen nach meiner Erfahrung im Schnitt einen sehr viel glücklicheren Eindruck, als die anderen, die nicht zur Zusammenarbeit bereit sind. Wer sich häufig wohl fühlt, Spaß am Spielen und Lernen, also am Leben hat, macht schließlich auch mehr Erfahrungen und kann sie viel besser integrieren. Aber niemand muß seine Freiheit verständig und konstruktiv nutzen. Gerade in dieser Wahlmöglichkeit liegt die Quelle des Bewußtseins, des bewußten Seins, das sich darüber im klaren ist, richtig oder falsch handeln zu können und in jedem Fall die Konsequenzen tragen zu müssen. So unvollkommen und bewußt ist grundsätzlich die Möglichkeit vorhanden, Unvollkommenes, Falsches aus der Erfahrung der eigenen Unvollkommenheit heraus zu verstehen, zu akzeptieren, zu lieben und damit vollkommen zu machen. Das

Bewußtsein der Unvollkommenheit ist also die Voraussetzung, die Fähigkeit zu lieben, zu entwickeln! Die beiden oben genannten Grundvoraussetzungen lassen sich nicht ändern. Ändern können nur wir uns. Du und ich und die anderen. Aber jeder nur aus seiner Entscheidung heraus. Niemand kann das für den anderen tun.

"Alles gut und schön", meinst Du, "doch ich kenne viele Leute, die total spirituell und arm sind und andere, die sich wie die Schweine verhalten und stinkreich sind. Das kann doch dann nicht sein, wenn die Guten belohnt und die Schlechten enteignet werden." So hab ich das auch nicht gemeint. Laß uns zur Beantwortung dieser Frage noch mal kurz untersuchen, was Mißbrauch und was sinnvoller Gebrauch von Reichtum im ganzheitlichen Sinne ist. Jeder, der nach seinen Möglichkeiten versucht, das Beste zu verwirklichen, sich darüber klar ist, daß er als unvollkommener Mensch dabei immer Fehler machen wird und deswegen irgendwie auf seine Art den Rest der Sache nach oben abgibt, handelt spirituell. Das kann zum Beispiel ein Politiker sein oder ein Wirtschaftsboß oder sonst ein Mensch mit viel Macht. Häufig wirst Du der Ansicht sein, daß diese Leute nur Mist verzapfen und alles anders geregelt sein sollte. Um diesen Sachverhalt besser zu erfassen, mach jetzt dazu einmal eine kleine Übung.

Entspanne Dich, indem Du eine Weile Deinem Atem lauschst. Wenn Du ganz ruhig bist, stell Dir einen von den Leuten vor, die Deiner Ansicht nach die meisten falschen Entscheidungen treffen. Versuche ihn oder sie so plastisch wie möglich vor Deinem Inneren Auge zu sehen. Nun schlüpfe mit Hilfe Deiner Vorstellungskraft in ihn hinein. Erlebe aus seiner Sicht heraus den Druck der Verantwortung, der sich zum Beispiel aus der Aufgabe ergeben kann, Arbeitsplätze langfristig zu sichern, die Umwelt dabei zu schützen, für ein Überleben des Unternehmens am Markt zu sorgen, den unterschiedlichen Interessen von Belegschafts-gruppen irgendwie gerecht zu werden, sinnvolle Produkte und Dienstleistungen zu entwickeln und diese den Kunden so darzustellen, daß sie auch gekauft werden, gesetzliche Auflagen zu erfüllen, dabei an die eigene Gesundheit, den Geburtstag seines Partners, die Einkäufe, seine eigene Weiterbildung, Hobbies und den anderen täglichen Kleinkram zu denken. So und nun entscheide auf eine Weise, die niemanden schädigt! Dann rappele Dich langsam wieder in Dein Alltagsbewußtsein. Botschaft verstanden? Gut. Wenn nicht, mach die Übung noch mal richtig und schlüpfe wirklich in die Rolle des anderen!

Es ist *nicht* möglich, in einer unvollkommenen Welt vollkommen zu sein und zu handeln. Es *ist* möglich, sein Bestes zu geben. Versuche, offensichtliche Unvollkommenheiten im Umgang mit Reichtum liebevoll zu verstehen. Das bedeutet nicht, sie stehen zu lassen! Sondern, den Haß aus einer Beziehung zu nehmen. Unterstelle jedem Menschen erst einmal gute Absichten. Dann werden viele die Gelegenheit nutzen, besser zu sein. Je schlechter Du einen Menschen beurteilst, desto weniger Chancen läßt Du ihm, gut zu sein. Energien verbreiten sich und treten in Wechselwirkung mit den Wesen, auf die sie gezielt sind. Überleg, wieviele Energien jeden Tag auf die Entscheidungsträger in der Welt projiziert werden! Mißbrauch ist immer dann häufig, wenn die an einer Aktion beteiligten Leute sich gegenseitig einfach nicht verstehen wollen und dem Haß damit Tür und Tor öffnen. Jesus sagte: "Liebe Deine Feinde!". Wenn Du Deine Feinde liebst, verstehst, und dadurch ihre Beweggründe erfassen kannst, erwirbst Du Dir die echte Chance, etwas in dieser Welt zum Besseren zu ändern. Was Du liebst, dient Dir - was Du haßt, stellt sich Dir entgegen! Alles, was Du aus einem Gefühl der Getrenntheit, des Unverständnisses, des Hasses heraus tust, wird diese Energie, die Du abstrahlst, aufnehmen und verbreiten. Es kann nichts wirklich Gutes dabei herauskommen, wenn Menschen gegen Atomkraftwerke demonstrieren und die ihnen gegenüberstehenden Polizisten, genauso wie die Betreiber der Kraftwerke, hassen.*

---

* *Mahatma Gandhi ist Dir sicher bekannt. Von ihm, von seinem Leben, läßt sich viel lernen. Schau Dir doch mal den Film "Gandhi" an und lies eine Biographie über ihn, wenn Dich dieses Thema interessiert.*

Praktisch alle Menschen mißbrauchen zu verschiedenen Zeiten ihres Lebens ihre Möglichkeiten und werden darunter in irgendeiner Form, die der Stärke des Mißbrauchs entspricht, leiden. Auch, wenn sie in der Öffentlichkeit den "Strahlemann" machen. Dieser Mißbrauch ergibt sich immer aus der Ausgestaltung des Weges, den sie verfolgen. Das Ziel kann noch so toll sein, wenn Du dabei, im übertragenen oder wortwörtlichen Sinne, brutal über Leichen gehst oder Dein Ego zum Abgott machst, ist Dein Weg nicht dem Gesetz der Liebe (siehe unten) entsprechend und daher ein Mißbrauch. Ist Dein Ziel weniger gut angesehen, aber Du bemühst Dich nach besten Kräften, Deinen Weg dahin auf konstruktive, liebevolle Weise zu gehen, handelst Du spirituell und verbreitest die Schwingung des Lichtes. Wenn ich jemanden kennenlerne, frage ich erst in zweiter Linie danach, welche Ziele er hat. Mir ist wichtiger, ihn zu beobachten und zu verstehen, wie er sie verfolgt. Dann weiß ich, wie es in ihm aussieht.

Mißbrauch von Reichtum ist eine Möglichkeit des Menschen, die sich aus dem Geschenk der Freiheit ergibt. Er muß immer die Konsequenzen seiner frei bestimmten Handlungen tragen. Die Belohnung spirituellen Handelns, als Konsequenz der richtigen Art, den persönlichen Weg zu gehen, ist nicht immer in Mark und Pfennig umzurechnen. Oder glaubst Du, jeder, der weise und heilig ist, muß deswegen ein gut gefülltes Bankkonto haben? Die Belohnung ist in erster Linie eine hohe Lebensqualität, ein erfülltes, im ganzheitlichen Sinne reiches Leben mit guten, echten Freunden. Materieller Reichtum *kann* eine Ausprägung dieses spirituellen Reichtums sein. Doch dieser kann sich auch auf viele andere Arten äußern. Was das alles sein kann, möchte ich versuchen im nächsten Abschnitt darzustellen.

Reichtum und das Lebenslustchakra

Das Lebenslustchakra, in der Literatur meist fälschlicherweise als Sexualchakra bezeichnet, organisiert die Fähigkeiten des Menschen zu Beziehungen aller Art und als Frucht der dadurch möglichen Kommunikation, auch die Lebensfreude: die nur aus dem Bauch heraus strömende Lebenslust und Erfüllung durch den konstruktiven, spielerischen Umgang mit den vielen Ausprägungen der Schöpfung. Erst in der Beziehung erfahren wir uns selbst in unseren Fähigkeiten und Defiziten. Erst im Austausch mit anderen finden wir echte, gefühlsmäßige Erfüllung, einen tiefen Sinn im Leben. "Es ist nicht gut allein zu sein, deswegen beschloß Gott dem Manne eine Gefährtin zu schaffen", heißt es in der Bibel und jeder kann die Weisheit dieser Feststellung tagtäglich erfahren. Was ist das Leben schon ohne Freunde und Partner?! Ich ordne den Reichtum, den Überfluß, der sich aus dem Zusammenwirken der persönlichen, einmaligen Schöpferkraft des Individuums und der Schwingung der Universalen Lebenskraft ergibt, dem zweiten Chakra zu, weil es eben ein Produkt der gleichberechtigten Beziehung dreier Parteien ist: Gott, Mensch und Umwelt. Was daraus erwächst, ist die Voraussetzung für den konstruktiven Fortgang der Evolution. Wenn dieser Überfluß mit seiner, jeweils von den einzigartigen Fähigkeiten des beteiligten Menschen geprägten, besonderen Qualität anderen Wesen zur Vervollkommnung ihres Schaffens zur Verfügung gestellt wird, ergibt sich eine optimale Ausgestaltung der Evolution. Daran teil zu haben, macht Spaß. Aus der eigenen Arbeit schöne Dinge entstehen zu sehen, mit anderen zusammen zu wirken, gemeinsam zu ernten und die Fülle zu genießen - das erfüllt! Lebensfreude findet in der Beziehung statt. Das simpelste Beispiel: Ein Kind, das Mann und Frau mit Hilfe der göttlichen Kraft des Lebens als einen Ausdruck ihrer Liebe gemeinsam zeugen und aufziehen. Bewußt erlebt, ist dieser Prozeß wunderschön und erfüllend. Es ist ein Prozeß, in dem Überfluß entsteht. Niemand der beiden Beteiligten wird durch den Akt der Zeugung ärmer. Der Fluß der Energien macht alle reicher und läßt sie lernen und wachsen - wenn sie die Chance wahrnehmen! Reichtum und Überfluß entstehen also grundsätzlich aus dem Zusammenwirken von drei beteiligten Parteien: zwei Vertretern der Welt der Materie und der Schöpferkraft. Sie sind ein Produkt der Lebensfreude

Nimm am Tanz der Schöpfung teil und hab' Spaß!

Wie Du in ca. 15 Minuten unglaublich reich werden kannst

"Na endlich, jetzt gibt er mir doch noch einen Tip, wie ich schnell Millionär werde!", denkst Du jetzt vielleicht. Und Du hast recht. Ich möchte Dir einen verborgenen Schatz zeigen. Du kannst ihn für Dich allein haben, wenn Du willst. Er ist so groß, daß alles Gold in Fort Knox dagegen wie die Sozialhilfe wirkt. Willst Du ihn?

O.K. - Schließe Deine Augen. Wir gehen jetzt zusammen auf eine Schatzsuche, die etwa eine Viertelstunde dauern wird. Dann bist Du reich! Versuche Deine Aufregung zu vergessen und lausche auf Deinen Atem, um Dich zu entspannen. Wenn Du innerlich ruhig und ausgeglichen bist, nimm Deinen Kopf wahr. Spüre das Gehirn in Deinem Schädel und mach Dir bewußt, was es ist: ein Supercomputer unglaublicher Kapazität! Die größten Elektronikkonzerne der Welt forschen mit einem Milliardenaufwand, um Megabyte-Chips, elektronische Gedächtnisse zu produzieren. Dein Gehirn leistet bereits in diesem Moment um ein Vielfaches mehr, als die nächsten Generationen von Computerchips, die gerade erst auf einem Reißbrett stehen. Niemand auf der Welt ist heute oder in absehbarer Zeit in der Lage, einen Computer zu bauen, der auch nur annähernd so schnell, so vielseitig, so groß in der Kapazität und dabei so klein, selbst programmierend, sich selbst wartend, transportabel und fortpflanzungsfähig ist, *wie Dein Gehirn*. Mach Dir die unglaublichen Fähigkeiten Deiner Denkmaschine bewußt! Dann lenke Deine Aufmerksamkeit zu Deinen Sinnesorganen. Deinen Augen, Deinen Ohren, dem Tastsinn, dem Geruchs- und Geschmackssinn, den Fähigkeiten, Temperaturunterschiede, feinstoffliche Energien und die Bewegungen Deines Körpers wahrzunehmen. Mach Dir möglichst viel von dem Potential Deiner Sinne bewußt. Was glaubst Du, würde eine Maschine mit dieser Ausstattung kosten? Ließe sie sich bei dem derzeitigen Stand der Technik überhaupt beschaffen? Und nun zu Deinem Bewegungsapparat: du kannst laufen, springen, klettern, robben, schwimmen, tauchen, radfahren, auf Deinen Händen laufen, tanzen, Treppen steigen und noch viel, viel mehr! Ist Dir bekannt, daß Wissenschaftler immer noch erfolglos daran arbeiten, einen Roboter zu bauen, der auch nur halbwegs menschlich zu gehen vermag! Erforsche auf diese Art und Weise auch die anderen Bereiche Deines Körpers. Zum Beispiel den Verdauungstrakt, das Immunsystem, die Fortpflanzungsorgane, die Entgiftungsmöglichkeiten des Körpers usw. Versuche das Bewußtsein Deines gewaltigen Reichtums nach der Übung, die Du häufig wiederholen solltest, mit in Deinen Alltag zu nehmen, um eine neue positive Perspektive für Dein Leben zu bekommen.

Gehe nicht geringschätzig lächelnd über diese Übung hinweg! Sie kann der Schlüssel zu nachhaltigem Erfolg im Leben sein. Je mehr Du Dir den Reichtum bewußt machst, der Dir in die Wiege gelegt wurde, desto besser sind Deine Aussichten, erfolgreich zu sein. Du bist ein Vertreter der Gattung von Wesen, die sich bisher am besten von allen Formen des Lebens auf diesem Planeten durchsetzen konnte. Du hast Artgenossen wie Einstein, Sokrates, Marie Curie, Hildegard von Bingen, Hölderlin, Coco Chanel, Buddha und Jesus. Alle diese Menschen brachten dieselben Anlagen mit in diese Welt wie Du. Kneif jetzt nicht und versuche Dir vorzuschwindeln, die wären irgendwie anders gewesen. Diese Leute waren sich nur ihrer potentiellen Fähigkeiten bewußt. In der letzten Übung hast Du gerade ein Stück dieser Bewußtheit erlangt. Und sie nutzten ihr Potential, indem sie es erweckten, ausprobierten und damit entfalteten. Jetzt bist Du dran! Nutze Deine Schätze gut!

Merksätze zum glückbringenden Umgang mit Deinem Reichtum

1. Das Gesetz der Liebe

Wenn Du durch Dein frei bestimmtes Denken und Handeln die Schwingung der Liebe verbreitest, indem Du nach besten Kräften versuchst, konstruktiv und zum Wohle aller Beteiligten zu wirken, hast Du die Gelegenheit, die Gegenleistung des Universums in Form ganzheitlichen Reichtums zu bekommen.

2. Das Gesetz des vorurteilslosen Akzeptierens

Nimmst Du, was das Universum Dir gibt, anstatt zu versuchen, Deinen Willen durchzusetzen und etwas ganz Bestimmtes außerhalb Deiner momentanen Reichweite zu erlangen, wirst Du reich im ganzheitlichen Sinne werden. Denn das, was Du bekommst, wird immer optimal von der Menge und der Qualität auf Deine wirklichen Bedürfnisse zugeschnitten sein.

3. Das Gesetz von Weg und Ziel

Gehst Du bewußt, spielend, lernend und Liebe verbreitend Deinen Weg, wird Dein Leben mit Sinn erfüllt und reich sein. Ist Deine Aufmerksamkeit dauerhaft auf ein bestimmtes Ziel fixiert, so daß Du den Prozeß des Vorankommens auf Deinem Weg nicht mehr als die Hauptsache wahrnimmst, wirst Du im ganzheitlichen Sinne arm sein und bleiben. Denn am Lebensziel bekommst Du nur, was Du auf Deinem Lebensweg aufgesammelt hast!

3. Kapitel

Der spirituelle Sinn der Arbeit

Man ist jung, wenn man glaubt, arbeiten zu müssen; man ist reif, wenn man hofft, arbeiten zu dürfen, und man ist alt, wenn man dankbar dafür wird, noch arbeiten zu können.
(Ron Kritzfeld)

Bevor ich Dir *meine* Ansichten über den Sinn der Arbeit weiter ausführe, möchte ich Dir gerne Gelegenheit geben, *Deine* eigenen Vorstellungen zu diesem Thema bewußt zu machen. Schließlich geht es in diesem Kapitel um Arbeit - also let's go, raff Dich auf!

Was bedeutet Arbeit für Dich - eine kleine Charakterstudie

Bitte vervollständige ohne lange zu überlegen (das ist sehr wichtig!) die folgenden Sätze:

Wenn ich an **Arbeit** denke, fällt mir als erstes ein _____

Freizeit ist für mich_____

Wenn ich **arbeite**, überkommt mich häufig ein Gefühl von __
_____

Wenn es auf den **Feierabend** zu geht, fühle ich mich häufig
_____

Der **Sinn** meines Lebens ist _____

Ich **arbeite**, weil ich _____

Beschäftige Dich im Moment nicht weiter mit Deinen Aussagen. Lege sie beiseite und schau sie Dir einen Tag, drei und sieben Tage später nochmal an. Spüre jedesmal einen Moment in Dich hinein und notiere ehrlich und so differenziert wie möglich Deine Gefühle.

Weiter geht's mit einem bißchen Bewußtseinstraining über die Verteilung von Arbeit und Freizeit in Deinem Leben.

Ich verbringe ca. _____ Stunden in der Woche mit Arbeit.

Ich verbringe ca. _____ Stunden in der Woche mit Freizeit (Schlaf nicht mitgerechnet!)

Ich verbringe ca. _____ Stunden in der Woche schlafend.

Schau Dir die Verteilung Deiner Zeit an. Wenn sie Dir gefällt, begründe bitte mit einigen Sätzen warum. Schau Dir die Begründung einen Tag, drei Tage und sieben Tage darauf noch einmal an. Spüre in Dich hinein, was Du dabei fühlst und notiere jedesmal Deine Wahrnehmungen in Stichworten, aber nicht oberflächlich. Wenn Dir die Aufteilung Deiner Zeit nicht gefällt, erkläre Dir, so als ob Du mit einem guten Freund reden würdest, warum Du meinst, daß es so sein muß. Dann führe eine kurze Entspannungsübung durch, indem Du zum Beispiel eine Weile Deinem Atem lauscht. Nun nimm in Gedanken die Rolle Deines Freundes ein und laß ihn Dir erklären, warum und wie sich Deine Zeitverteilung so gestalten ließe, daß sie Dir mehr zusagt. Wenn Du diese Übung beendet hast, lege Deine Ausarbeitungen erstmal eine Woche beiseite. Dann lies sie wieder durch, spüre in Dich hinein und halte Deine Empfindungen schriftlich fest.

Bitte notiere 15 Begriffe, die für Dich mit dem Begriff **"Arbeit"** verbunden sind.

Bitte notiere 15 Begriffe, die für Dich mit dem Begriff **"Freizeit"** verbunden sind.

Notiere zu jedem der 30 Begriffe ein +, wenn Du ihn gefühlsmäßig positiv wertest und ein -, wenn Du ihn gefühlsmäßig negativ bewertest. Eine neutrale Wertung ist nicht zulässig, weil es sonst zu leicht wäre, Verstecken zu spielen. In welcher der beiden Gruppen hast Du eine insgesamt positivere Wertung? Wenn Dich jemand gefragt hätte, welchen Bereich Du positiver beurteilst, hättest Du Deine Antwort in einem ähnlichen Sinne gegeben? Wenn Du einen der beiden Lebensbereiche bewußt bevorzugst, mache Dir klar, daß dadurch der andere Bereich, der auch einen Teil von Dir repräsentiert, zu kurz kommt. Willst Du das wirklich? Wenn nicht, warum tust Du Dir das an? Und wenn ja, bist Du Dir wirklich aller, auch der langfristigen Konsequenzen dieser Art der Lebensgestaltung bewußt? Denke eine Weile darüber nach und fühle in Dich hinein. Notiere Deine Wahrnehmungen, um sie zu einem späteren Zeitpunkt noch einmal durchgehen zu können. Stellst Du dann Änderungen in Deiner Einstellung fest? Wenn ja, welche?

So, mal sehen, welche Rollen Du für Dich in Deinen verschiedenen Lebenssituationen geschaffen hast!

Wer bist **Du**, wenn Du **arbeitest** (etwa 10 Sätze)?

Wer bist **Du**, wenn Du **frei hast** (etwa 10 Sätze)?

Nun versuche die jeweils etwa 10 Sätze auf ein bis zwei Kernaussagen über Deine Rollen zu reduzieren, um möglichst klar herauszuarbeiten, wie Deine beiden Masken aussehen. Schreibe auf, was Du Deinem besten Freund sagen würdest, wenn er Dir das mitgeteilt hätte, was Du geschrieben hast, und Dich nun bitten würde, einen Kommentar zu geben.

O.K. - genug der Bauchnabelschau! Laß uns jetzt mal näher die spirituelle Dimension der Arbeit betrachten.

Was bedeutet Arbeit im esoterischen Sinne?

In der Esoterik ist Arbeit eine Tätigkeit, die einem Menschen durch die Auseinandersetzung mit ihren Anforderungen Entwicklungsmöglichkeiten bietet und ihn am Prozeß des ganzheitlich sinnvollen Energieaustausches mit anderen teilhaben läßt. In diesem Austausch hat er die Chance, sich auf die Bedürfnisse der anderen einzustellen, diese nach seinen Möglichkeiten zu befriedigen und dafür Energiequalitäten anzunehmen, die er selber grundsätzlich nicht entwickeln kann, oder dadurch andere, für ihn wesentliche Bedürfnisse, vernachlässigen müßte.

Anspannende und entspannende Tätigkeiten

Arbeit kann entspannt und meditativ erledigt werden oder verspannt und genervt machen. Welche von beiden Möglichkeiten gelebt wird, entscheidet jeweils der betreffende Mensch selbst! Das mag sich vielleicht in Deinen Ohren etwas ketzerisch anhören, doch es stimmt, und viele Menschen überall auf der Welt haben es geschafft, Arbeit entspannt und meditativ zu erledigen. Die meisten allerdings fühlen sich nach der Arbeit kaputt und nicht nur wohlig müde, wie ein Kind, das dynamisch und mit viel Einsatz und Freude gespielt hat. Woran liegt das eigentlich? Was macht Arbeit meditativ und was verspannend und verschleißend? Wie kann man lernen, Arbeit als Meditation zu erleben?

In dem vorigen Abschnitt hast Du erfahren, daß aus der spirituellen Sicht Arbeit grundsätzlich eine wichtige und unentbehrliche Chance zum Lernen und Wachsen, zur Selbsterfahrung und zur Erfahrung der Umwelt darstellt. Jedesmal, wenn Du lernst, mußt Du natürlich alte, lieb gewordene Einstellungen, die nun überholt sind, loslassen, um das Neue annehmen zu können. Denn in eine volle Tasse kann nichts mehr eingefüllt werden. Es ist dann immer irgendwie ein Sprung ins kalte Wasser, wenn Du den Schritt wagst, das Alte aufgibst und Dich nun mit anderen Einstellungen anfreunden und damit die

Aufgaben, die Dir das Leben stellt, lösen mußt. Du wirst immer mehr Verantwortung übernehmen, je mehr Du lernst. Das kann Angst hervorrufen. Und Deine Grenzen werden Dir deutlicher - das, was Du eben nicht kannst. Häufig löst die Erkenntnis der eigenen, zumindest momentanen Unfähigkeit in Bezug auf die Bewältigung bestimmter Anforderungen ein Gefühl der Hilflosigkeit aus. Befürchtungen über schlimme Konsequenzen, wie Kündigung, keine Beförderung, Imageverlust und so weiter greifen um sich. Die eigenen Grenzen werden erfahren und damit reift die Erkenntnis, auf die Hilfe anderer angewiesen zu sein, vertrauen, sich fallenlassen zu müssen. Ein guter Nährboden für Urängste! Die allermeisten der geschilderten Prozesse laufen dabei unter der Oberfläche des Wachbewußtseins ab. Wenn Du arbeitest und dabei zwangsläufig immer wieder Erfahrungen machst, die Deine Ängste auslösen, werden Fluchtreaktionen und die Herstellung von Kampfbereitschaft als Antwort Deines Unterbewußtseins auf diesen negativen Streß produziert. Dein Wurzelchakra wird aktiv und versucht, Dein Überleben zu sichern. Andererseits weiß Dein Bewußtsein genau, daß es nicht flüchten oder mit Arbeitskollegen offen kämpfen darf. Schließlich hast Du Dich zu einer bestimmten Arbeit verpflichtet und bist auf den Lohn oder andere Ergebnisse daraus angewiesen. Eine richtige Zwickmühle, nicht wahr?! Eine Lösung dieses haarigen Problems, die immer wieder gut funktioniert hat, ist zu lernen, Arbeit bewußt zu tun. Die eigenen Widerstände dabei zu bemerken, sie anzunehmen und ihren Sinn zu verstehen*, um sie dann loslassen zu können und Raum für neue Erfahrungen zu haben. Auf diese Weise bist Du Deinen Widerständen nicht mehr hilflos ausgeliefert. Dein bewußter Umgang mit ihnen gibt Dir Gelegenheit, langsam aber sicher den Sand aus Deinem Getriebe, Deinen Charakterstrukturen, zu entfernen. Für diese Art, mit Arbeit umzugehen, gibt es auch einen passenden Namen:

---

*Auch diese Heilung vollzieht sich naturgemäß in den drei Schritten "Wahrheit", "Liebe" und "Erkenntnis". Vergleiche dazu auch meine Ausführungen in meinen Bücher "Das Aura-Heilbuch" und "Das Reiki-Handbuch".

ZEN-Arbeit

Der ZEN-Weg ist eine japanische Form des in Indien entstandenen Buddhismus. Er beeinflußte weite Bereiche von Kunst und Kultur, Kampfsport und allgemeiner Lebenseinstellung in Japan. Einer seiner Kernsätze ist: "Bewußtsein ist alles!". Damit ist gemeint, daß bewußter Umgang mit dem Leben erst die Möglichkeit der Veränderung erschließt. Was Du nicht wahrnimmst, kannst Du nicht ändern. Und, das ist vielleicht noch wichtiger: Je bewußter Du in dem bist, was Du tust, desto weniger fremd und getrennt erlebst Du Dich. Du stellst mit jeder Handlung Einheit in Dir und mit der Welt her. Viele Ängste, Reibungspunkte und selbst gesetzte Grenzen fallen allein dadurch weg! Deine ganze Persönlichkeit, alles was Du bist, ist dann in Deinem Handeln. Ungeheure Energien werden auf diese Weise freigesetzt. Das ist das Geheimnis der Karatekämpfer und Kung Fu-Experten, die mit einem einzigen Schlag ihrer Hände, die wie Deine auch nur aus Fleisch und Blut sind, mehrere Betonplatten oder Eisblöcke spalten und sich dabei noch nicht einmal verletzen! Die bewußte Lenkung all ihrer Energien in diesen einen Schlag ermöglicht ihnen solche phantastisch anmutende Taten. Doch sie sind absolut keine Übermenschen, sondern machen nur richtigen, natürlichen Gebrauch von ihren menschlichen Fähigkeiten. Viele Manager lassen sich heute im ZEN-Weg ausbilden, um Aufgaben besser und verschleißfreier erledigen zu können. Spitzensportler üben sich mental darin, um Höchstleistungen zu bringen. Der richtige, natürliche Gebrauch der eigenen Kraft steht aber jedem offen! Auch Dir - fang einfach an und beginne zu meditieren - indem Du bewußt arbeitest, Dich Deiner Tätigkeit hingibst. Zu Anfang wird Dir das wahrscheinlich sehr schwer fallen. Doch sehr bald wirst Du durch Deine guten Erfahrungen mit diesem Weg soviel Bestätigung bekommen, daß es leichter und leichter wird. Begrenzungen, die Du selbst gesetzt hast, werden nach und nach wegfallen. Neue ungeahnte Möglichkeiten werden sich Dir erschließen. Du wirst es erleben, wenn Du Dich traust und diesen neuen Weg beschreitest.

Freizeitanbeter und Workoholics

In unserer Gesellschaft findest Du im wesentlichen zwei grundsätzliche Einstellungen zur Arbeit. Einmal sind da Leute, die ich als *Workoholics* bezeichne - diese armen Schweine (zu denen ich auch zeitweise gehöre, aber ich arbeite ernsthaft, hart und ohne Unterlaß daran, mich zu bessern!) rackern und rackern so viel sie nur können und auch gern mehr. Fragst Du, warum sie so viel tun, werden sie mit Überzeugung und jeder auf seine Art klarstellen, daß es anders absolut nicht geht. Das ist natürlich Blödsinn, wie jeder, der sich einmal ein wenig im Leben umgeschaut hat und sich nicht mit dieser Situation identifiziert, feststellen kann. Aber es gehört zu dem durch starke Angstmuster geprägten Überlebensk(r)ampf, sich behende in diese Sackgasse zu manövrieren und nach besten Kräften dagegen zu sträuben, wieder heraus zu marschieren.

Dann gibt es die *Freizeitanbeter*, die der Ansicht sind, Arbeit ist ein Übel, wenn auch manchmal nicht zu umgehen, das wahre Leben findet aber in der Freizeit statt. Sie versuchen, so wenig wie möglich zu werkeln, kämpfen in erster Reihe für immer noch weniger Arbeitsstunden bei überproportionalem Lohnausgleich und die Urlaubszeit ist für sie die kostbarste Zeit des Jahres.* Mit dieser ablehnenden Einstellung der Arbeit gegenüber, gehen sie natürlich an wichtigen Lernsituationen und Entwicklungschancen achtlos vorbei. Indem sie einen Teil ihres Lebens als quasi sinnlos erklären, geht ihnen eine Menge Lebenssinn verloren. Schade! Kein Wunder, daß diese Menschen unter ihrer Arbeit leiden und viel Freude an der Entwicklung der eigenen Möglichkeiten, viel Selbstbestätigung und kraftspendende Selbsterfahrung durch dieses letztlich selbst erzeugte Leid nicht wahrnehmen können.

Was sind nun eigentlich die Ursachen des Mißbrauchs von Arbeit und Freizeit? Im Grunde lassen sich beide Disharmonien auf dieselbe Wurzel zurückführen: Angst. Im Fall des *Workoho-*

Hach bin ich heute wieder gehässig - tut richtig gut!

lics ist die Arbeit eine Art Betäubungsmittel, das verhindert, aufzuwachen und sich auf sich selbst einzulassen. Siehst Du einem Arbeitssüchtigen zu, hast Du den Eindruck einer Maschine. Und genau so möchte er sein. Eine gut geölte Maschine, die niemals versagt und deswegen immer gebraucht wird. Deren Rechtfertigung zu leben ihre gute Arbeit ist. Hinter dieser Haltung lauert die Angst, nicht geliebt zu werden, wenn man nicht mehr gebraucht wird; zu Grunde zu gehen und zu sterben, wenn man nicht ständig strampelt. Also letztlich die Urangst der Einsamkeit, der Verlassenheit, der Getrenntheit. Der *Freizeitfan* drückt sich vor der Auseinandersetzung mit Arbeit, weil er in den tiefsten Tiefen seiner Seele fürchtet, zu versagen, den Anforderungen nicht gerecht zu werden, sich hilflos in der Erfüllung der Leistungsziele zu verschleißen. Auch hier findest Du die Urangst, getrennt und hilflos ausgeliefert zu sein. Ständig kämpfen zu müssen, um zu überleben, auch wenn dieser Kampf sich in einer eher passiven Verweigerungshaltung ausdrückt. Versuche beide Formen des Mißbrauchs von an sich nützlichen Bereichen des Lebens gründlich zu verstehen und diese Blockaden auch in Dir aufzuspüren, damit Du sie heilen kannst und frei wirst, der zu sein, der Du eigentlich bist.

Wohlgemerkt, Arbeit und Freizeit sind beide wichtig und notwendig. Sie ergänzen sich gegenseitig und fördern einander, wenn sie richtig verstanden, bewußt gelebt und genossen werden. Das Gesetz von Yin und Yang besagt, daß alles im Leben aus Polaritäten besteht. Harmonie stellt sich ein, solange ein freier, natürlicher Wechsel der Yin- und Yang-Kräfte stattfindet und beide etwa gleich stark vertreten sind. Arbeit ist dem aktiven, schöpferischen Prinzip der Yang-Energie zuzuordnen, Freizeit dem passiven, empfangenden Pol der Yin-Kraft. Fröhliches, bewußtes Schaffen mit allen zur Verfügung stehenden Kräften und Erfahrungen sammeln muß sinnvoll und in ausgeglichenem Verhältnis ergänzt werden durch Ruhephasen, die dem Regenerieren der Kräfte, dem Verdauen der Erfahrungen und dem Integrieren der neuen Inhalte in die eigene Struktur dienen. Wenn Du gut gegessen hast, was sich auch dem Yang-Prinzip zuordnen läßt, solltest Du eine Weile ruhen, um Deine Kräfte für die Verdauung der Nahrung zur Verfügung zu haben. Nicht umsonst zieht der Körper das Blut zur Verdauung nach dem Essen im Bauch zusammen. Du wirst müde und schränkst Deine Tätigkeiten ein. Dadurch kannst Du die Nahrung gut aufschließen und in Deinen Stoffwechsel einbauen.

Lerne diese beiden Phasen gleichberechtigt zu nutzen, dann wird sich Deine Lebensqualität enorm steigern. Je nachdem, welcher Gruppe Du eher angehörst, werden sich natürlich Widerstände unterschiedlichster Art melden. Mit ihnen mußt Du umgehen lernen. Lies Dir immer wieder einzelne Abschnitte dieses Buches durch, gib Dir Zeit, die Inhalte zu verarbeiten, was meist zuerst unterbewußt passiert, und probiere immer wieder die hier vorgestellten Ideen aus. Gehe bewußt mit Deiner Arbeit um und nutze die in ihr liegenden Möglichkeiten. Lerne die Freude kennen, die in der dynamischen Selbstverwirklichung liegt. Mach Dir jeden Tag bewußt, was Du alles geschaffen hast, wie die Produkte Deiner Arbeit das Leben anderer bereichern und was Du alles lernen konntest. Deine Ruhezeiten werden Dich viel mehr befriedigen als vorher, wenn Du Dich in die wohlige Müdigkeit fallen lassen kannst, die sich automatisch nach einer Zeit intensiver, befriedigender Tätigkeit einstellt. Stürze Dich genauso intensiv in Deine Ruhephasen, wie in die Arbeit und gib Dich dem Gefühl des süßen Nichts-Tuns hin. Beschäftige Dich dann auch wirklich mit nichts, was Dich irgendwie anstrengt. Falls Du das zu Anfang noch nicht so gut akzeptieren kannst, tröste Dich mit dem Gedanken, daß die Zeit der Arbeit automatisch wieder kommt und mach die Erfahrung, daß Du viel effektiver und leichter schaffen kannst, wenn Du Deine Ruhezeiten intensiv genutzt hast.

Du wirst die angenehme Erfahrung machen, daß durch diese Art der Lebensgestaltung psychosomatische Beschwerden, die Du jetzt vielleicht hast, verschwinden und die übrigen sich auf jeden Fall drastisch bessern. Du sorgst jetzt für Harmonie in Deinem Leben, indem Du bewußt die Yin- und die Yang-Kräfte ausgleichst. Das macht sich selbstverständlich auch wohltuend im gesundheitlichen Bereich bemerkbar!

Arbeit als Weg zur Selbstfindung

Im Prozeß der Arbeit erfährst Du Dich selbst. Deine Möglichkeiten werden Dir durch den ständigen Einsatz Deiner Kräfte, die Suche nach Lösungen, immer klarer. Ebenso wirst Du immer wieder Deine Grenzen erreichen. Manchmal kannst Du sie verschieben, Deine Kraft vergrößern. Oft wirst Du aber auch anerkennen müssen, daß bestimmte Grenzen in Deiner Konstitution begründet sind und sich einfach nicht niederreißen lassen. Du kannst lernen, sie als wichtigen Teil Deiner Selbst akzeptieren und lieben zu lernen. Sie nehmen die Funktion war, Deine Energie zu kanalisieren. Sie helfen Dir dabei, Deine Aufgaben im Leben klarer zu sehen, wenn Du ihre Hilfe akzeptierst. Denn wenn Du all das nicht tust, wofür Du Dich Deinen Anlagen entsprechend einfach nicht eignest, kannst Du Dich auf das konzentrieren, was Dir gemäß ist und Dir so viel leichter fällt. So hast Du mehr Erfolg - aber viel wichtiger - Du sammelst in den Bereichen und auf diese Art Erfahrungen, die Deinem Lebensplan weitgehend entsprechen. Bevor Du in diese Welt hineingeboren wurdest, hast Du Dir genau überlegt, welcher rote Faden diese neue Inkarnation durchziehen soll. Danach hast Du Deine Erbanlagen zusammengestellt, Dir eine möglichst geeignete Familie gesucht und los ging's! Auch wenn Dir das vielleicht nicht paßt - so war es. Spüre in Dich hinein und lerne die Verantwortung für Dein Leben bewußt anzunehmen.

Je mehr Du Deine Fähigkeiten und Grenzen erkennst, Dich dadurch selber findest, und annimmst, desto spielerischer und fröhlicher wird Dein Umgang mit Arbeitssituationen. Du weißt dann schnell, ob etwas für Dich geeignet ist oder nicht und kannst Dich entsprechend verhalten. Versagensängste und Minderwertigkeitskomplexe verschwinden mit der Zeit, denn Du hast ja immer wieder erfahren, welche Talente in Dir stecken. Das stärkt Dein Selbstvertrauen. Es ist jetzt nicht mehr schlimm, irgend etwas nicht zu können. Du läßt es liegen und tust das, was Du kannst und sammelst damit Erfolge. Ein Mensch, der sich selbst durch sein Schaffen erfahren und gefunden hat, strahlt eine innere Fröhlichkeit, Selbstsicherheit und Wärme aus. Er hat sich angenommen und damit lieb gewonnen. Er liegt nicht mehr im Streit mit sich und der Welt, denn in seinem Herzen ist Frieden und Ruhe. Und die Ruhe ist die Mutter der Kraft.

Arbeit und Liebe

Wenn Du Arbeit als Selbsterfahrung nutzt, wirst Du Dir immer näher kommen. Je weiter Du Dich an die Essenz Deines Seins herantastest, desto weiter öffnet sich Dein Herzchakra. Etwas wirklich wahrnehmen und in allen seinen Ausprägungen erfahren und verstehen, heißt etwas lieben lernen. Liebst Du Dich mit allen Deinen Ecken und Kanten, Vorzügen und Talenten, kannst Du auch andere stehen lassen. Das Kämpfen, die Konkurrenz ist beendet. Denn jeder Mensch hat absolut einzigartige Talente. Lernt er sie kennen, lieben und sinnvoll einsetzen, gibt es niemanden, der ihn in seinem Bereich übertreffen kann. Denn er ist einzigartig! Wettbewerb findet immer dann statt, wenn Menschen ihre Einzigartigkeit nicht leben, sondern stattdessen alle auf demselben Feld herumstümpern. Um sich durchzusetzen, müssen sie dann die Preise ihrer Waren und Dienstleistungen unverhältnismäßig senken, mehr arbeiten, viel werben und eine Menge Streß ertragen. Wenn niedrige Preise das wesentliche Verkaufsargument sind, wird es immer jemanden geben, der ein besseres hat: nämlich noch niedrigere Preise! Einzigartige Leistungen sind immer ihr Geld wert, weil sie durch ihre hohe Qualität eine wichtige Funktion für die Lebensgestaltung der Kunden erfüllen können. Auf die Dauer hat deswegen immer der den meisten Erfolg, der sich selbst auf liebevolle Weise in seiner Arbeit verwirklicht. Wenn Du Liebe zu leben lernen möchtest, beginne damit bei Deiner Arbeit. Gerade hier, wo Du es vielleicht am wenigsten vermutet hast, wirst Du Dein Herzchakra am leichtesten öffnen können und dann erfahren, daß im Leben verwirklichte Liebe reich und glücklich macht.

Arbeit und das Machtchakra

Noch ein weiterer Schatz liegt im bewußten Umgang mit Arbeit verborgen: die harmonische Entwicklung des 3. Energiezentrums, des Machtchakras. Gehst Du bewußt und liebevoll mit den Herausforderungen Deiner Arbeit um, wird sich Deine Fähigkeit, durch Nachdenken Probleme zu lösen, Situationen so zu gestalten, daß Du mit ihnen zurecht kommen kannst, Informationen zu verarbeiten und andere in Deinem Sinne unter Berücksichtigung ganzheitlich sinnvoller Ziele zu beeinflussen, immer weiter entwickeln. Du wirst auch lernen, Dich gegen unpassende Ansprüche auf harmonische und natürliche Weise abzugrenzen, um Deine Kräfte für sinnvollere Tätigkeiten aufzuheben. Macht Dir diese Macht Angst? Oder bist Du ganz gierig darauf? Wie auch immer, Deine Blockaden, denn Angst und Gier sind Blockaden, werden automatisch geheilt, wenn Du liebevoll mit Arbeitssituationen umgehen lernst. Das Herzchakra, zuständig für Liebe und Annehmen, und das Machtchakra, zuständig für Manipulation und Abgrenzen, ergänzen und fördern sich gegenseitig in ihrer Entwicklung, wenn Du ihre Fähigkeiten bewußt nutzt. Liebe vereint mit Macht kann wunderbare Taten vollbringen. Liebe ohne Macht ist hilflos - Macht ohne Liebe zerstörerisch!

Merksätze zum glückbringenden Umgang mit Deiner Arbeit

1. Das Gesetz des Bewußtseins

Alles, was Du bewußt tust, wird sich letztlich heilend und vervollkommnend auf Dich auswirken. Alles, was Du unbewußt tust, wird Dich letztlich nicht weiterbringen.

2. Das Gesetz der Selbstfindung durch Selbstausdruck

Selbstausdruck ist unbedingt notwendig zur Selbstfindung, denn Du erfährst Dich in Deinen Werken. An ihrer Eigenart kannst Du Deine Eigenart erkennen.

3. Das Gesetz harmonischer Lebensgestaltung

Nur wenn Tätigkeit durch Untätigkeit im ausgewogenen Verhältnis ergänzt wird, entfalten sich die Talente eines Menschen ganzheitlich und harmonisch. So wie zum Essen das Verdauen gehört, wird das Sammeln von Erfahrungen durch Aktivität durch ihre Integration in der Passivität notwendig und natürlich ergänzt.

Die Anwendung dieser Regeln ist die Voraussetzung ganzheitlich reich zu werden und zu bleiben.

4. Kapitel

Der spirituelle Sinn des Berufes

Was ist der esoterische, verborgene Sinn eines Berufes?

Der Begriff "Beruf" ist eng verwandt mit dem Begriff "Berufung". Im Altertum wurden "Stand und Amt" eines Menschen als göttliche Aufgabe in der Welt gesehen. Der Beruf eines Menschen sollte seiner spirituellen Berufung, seinem Lebensplan entsprechen. Heute haben die meisten Menschen eine sehr viel profanere Auffassung von diesem Begriff: er sollte genug Geld zum Leben bringen, nicht zu belastend sein und ein gutes Image haben. In diesem Kapitel will ich versuchen, ein natürliches Verständnis davon zu vermitteln, wie wichtig es ist, der persönlichen Berufung im Beruf zu folgen. So mancher Mensch wäre um einiges glücklicher, würde er zu seiner Aufgabe finden und sie annehmen. Gleichzeitig stellt die Verwirklichung der Berufung einen unschätzbaren Beitrag zur harmonischen Evolution der Schöpfung dar.

Der wahre Beruf des Menschen ist, zu sich selbst zu kommen!
(Herrmann Hesse)

Jeder Mensch ist einzigartig und sein jeweiliges Talent nicht zu ersetzen. Doch wie kannst Du in der modernen Zeit, wo jeder in mehr oder weniger unpassende Schubladen gesteckt wird, wenn er nicht achtsam ist, Deine Berufung leben? Wie kannst Du sie überhaupt finden? Dazu möchte ich Dir einige wirksame Mittel in die Hände legen.

Die Berufswahl und die Öffnung des 3. Auges

Als 3. Auge wird ein in der Mitte der Stirn, etwa zwischen Deinen Augenbrauen gelegenes Energiezentrum bezeichnet. Es hat die Funktion der Erkenntnis, der Wegfindung. Durch seine Fähigkeiten kannst Du Deinen persönlichen Lebensplan begreifen lernen. Doch was ist eigentlich dieser schon im letzten Kapitel angesprochene Lebensplan?

Bevor Du in diese Welt geboren wirst, entscheidest Du Dich, wie schon im Kapitel zuvor beschrieben, für eine bestimmte Konstitution und eine Ausgangssituation. Diese Auswahl wird nach den Erfordernissen Deines persönlichen Lebensplanes getroffen. Er enthält alle Bereiche, in denen Du in der neuen Inkarnation Erfahrungen sammeln willst. Bestimmte zeitliche Abläufe sind nur selten festgelegt. Ebenso ist im allgemeinen nicht genau bestimmt, wie und mit welchen Partnern Du Deine Erfahrungen machst. Über den Verlauf Deines Lebens, Glück und Unglück, Erfolg und Mißerfolg, entscheidest Du also weitgehend selbst. Hauptsache, bestimmte Bereiche werden berührt und die dadurch gewonnenen Lerninhalte bestmöglich integriert. Je bewußter Du Dich auf Deinen "roten Lernfaden" einstimmst, desto leichter lebt es sich. Diese Einstimmung ist auf mehrere einfache Arten möglich. Zwei der besten möchte ich Dir jetzt vorstellen, damit sich Dir Deine Berufung leichter erschließt.

Übung 1: Die Amethyst-Erkenntnisübung

Diese Methode solltest Du häufig anwenden, um Dich im Alltag immer wieder neu auf die feinen Energiemuster Deines Lebensweges einzuschwingen. Bereite die Übung folgendermaßen vor: Besorge Dir einen rundgetrommelten, etwa walnußgroßen Amethyst guter Qualität. Reinige ihn energetisch etwa 30 Sekunden unter kaltem, fließenden Wasser. Dann begib Dich an einen ruhigen Ort, an dem Du Dich wohl und sicher fühlst. Setze Dich bequem hin und lausche auf den Fluß Deines Atems, bis Du ruhig und entspannt bist. Halte nun den Heilstein mit beiden Händen vor Dein 3. Auge, daß in der Mitte der Stirn, zwischen Deinen Augenbrauen gelegen ist. Nun sprich: "Ich öffne mich für die erkenntnisfördernde Kraft dieses Kristalles und bitte um den Segen und den Schutz der kosmischen Mächte des Lichts und der Liebe zur Verwirklichung meiner Berufung." Bleibe einige Zeit, mindestens 10 Minuten, in Kontakt mit dem Stein. Gib Dich bewußt seiner wegweisenden Schwingung hin. Um die Übung zu beenden, nimm den Kristall wieder herunter, schau ihn an und danke ihm laut für seine Hilfe. Danke auch den Mächten des Lichts und der Liebe. Dann nimm einige Tiefe Atemzüge und schau Dich um, damit Du wieder Kontakt zur Alltagswelt herstellst.

Übung 2: Eine Reise in die Kindheit

Diese Methode kann Dir helfen, den Kontakt zu Deinen ursprünglichen Plänen für Deinen Beruf - Deiner Berufung - herzustellen. Führe die Übung nur in größeren Abständen von mindestens 14 Tagen durch und notiere hinterher ausführlich Deine Erfahrungen.

Jeder von uns hatte als kleines Kind noch eine gute Verbindung zum 3. Auge. In Dir ist noch dieses kleine Kind mit den großen staunenden Augen, das sich darauf freut, seine Einzigartigkeit in dieser Welt zu leben und andere damit zu bereichern. Suche Dir für Deine Reise zu Deinem Inneren Kind wieder einen ruhigen Ort, an dem es Dir gut gefällt und der Dir Sicherheit vermittelt. Mach es Dir bequem und lausche wieder einige Zeit auf Deinen Atem, um Körper und Geist zu entspannen. Schließe die Augen und gehe in Gedanken immer weiter zurück zu Deiner Kindheit. Nimm Dir Zeit und laß die Erinnerung an wichtige Stationen Deines Lebens zu. Gestatte Dir ein wenig Tagträumerei dabei, doch komme immer wieder auf Deine Reiseroute zurück und dringe immer weiter in die Bereiche Deiner Jugend, dann Deiner Kindheit vor, bis Du Dich an Situationen erinnerst, die altersmäßig irgendwo zwischen drei und sechs Jahren liegen. Diese innere Reise kannst Du nach Lust und Laune ausdehnen. Unter etwa 15 Minuten wird aber nichts Wesentliches in Bewegung geraten. So viel Zeit solltest Du also auf jeden Fall investieren. Es kann sein, daß Du einige Anläufe brauchst, um die Erlebnisse dieses Alters wieder klar aus dem Gedächtnis abzurufen. Vielleicht kramst Du zwischen den Übungen mal wieder in alten Fotos aus dieser Zeit oder unterhältst Dich mit Verwandten, Bekannten und alten Freunden über Deine Kindheit. Vielleicht beginnst Du auch wieder ein bißchen kindlich zu sein und zu spielen. Trau Dich ruhig und genieße es. All dies kann dazu beitragen, Erinnerungen zu mobilisieren, Dein Inneres Kind zu erwecken und wieder zu Wort kommen zu lassen. Habe Geduld - nach einigen Versuchen wird es klappen und Du kannst nach Belieben diese Zeit aus Deinem Gedächtnis holen. Nun forsche nach Situationen, in denen Du Vorlieben für bestimmte Beschäftigungen, Berufe, Lebenswege ausgedrückt hast. Versuche dich gerade an die zu erinnern, die nichts oder wenig mit den Wegen Deiner Eltern zu tun hatten. Begib Dich mehrere Male zurück, bis Du ein sicheres Gefühl für Deine damaligen Wünsche entwickelt hast. Es geht dabei nur sehr selten um konkrete Berufsvorstellungen, sondern eher um die Art und Weise *wie* Du diese Berufe ausfüllen wolltest. Irgendwann wirst Du genau wissen, um was es damals ging. Vertraue Dir und nimm dieses Wissen mit in die Erwachsenenwelt zurück. Lebe es! Je mehr Du es in Deinem Alltag umsetzt, desto mehr wirst Du verstehen und erfahren, was es heißt, eine Berufung zu haben.

Ergänzend, aber wirklich nur das, kannst Du mit einem beliebigen, zufallsbestimmten Orakel, wie Tarot, I Ging oder Karten der Kraft daran arbeiten, Dir Deine Berufung bewußt zu machen und aktiv zu leben. Auch ein guter Astrologe kann Dir manche wichtige Anregung aus Deinem Horoskop geben.

Die Ausübung Deines Berufes und die Erweckung Deines Ausdruckschakras

Durch die Verwirklichung Deiner Berufung erhältst Du die Möglichkeit, Dich auszudrücken, wie Du bist. Diese Fähigkeit wird von dem 5. Chakra, dem Halsenergiezentrum, organisiert. Alles, was Du tust, hat letztlich seine Wurzel in Dir. Es kann sein, daß diese Wurzeln nicht sehr tief reichen und im Grunde nur auf einer mehr oder minder guten Wiederholung auswendig gelernter Ausdrucksformen beruhen. Ist es so, wird Dich Dein Selbstausdruck nie wirklich zufriedenstellen. Denn eigentlich drückst Du die Energie eines anderen aus! Auch Dein Selbstbewußtsein wird dadurch nicht gestärkt, sondern im Gegenteil eher vermindert. Lernst Du jedoch, die tiefen Wurzeln Deiner Ausdrucksfähigkeit zu finden und zu nutzen, werden sich Dir Deine einzigartigen Talente in der Fülle Deines Schaffens erschließen und zum Segen für Dich und die Welt werden.

Merksätze zum glückbringenden Umgang mit Deinem Beruf

1. Das Gesetz der einzigartigen Berufung

Niemand ist in der Lage, zu tun, was Du tun kannst, wenn Du Dich akzeptierst als das, was Du in der Essenz Deines Seins wirklich bist. Die dort verborgenen Talente sind wertvoll für alle und absolut einzigartig.

2. Das Gesetz der flexiblen Selbstverwirklichung

Der Strom des Lebens bringt Dich immer wieder in neue Situationen, die zu Dir passen und dafür gedacht sind, weitere Bereiche Deiner Talente zu erschließen. Halte keine Stationen Deines Lebens fest. Gehe mit der Energie und versuche immer, Dich bestmöglich in den Situationen, die auf Dich zukommen, auf

Deine einzigartige Weise zu verwirklichen. Biege Dich, wenn nötig, wie das Bambusrohr im Sturmwind, aber bleibe fest verwurzelt in Deiner Energie. Jeder Sturm wird sich wieder legen. Wenn Du in ihm flexibel geblieben bist, wirst Du immer gestärkt und gewachsen aus jeder Herausforderung hervorgehen.

3. Das Gesetz des lebendigen Beispiels

Wenn Du lernen möchtest, Du selbst zu sein, orientiere Dich an Menschen, die ihre Einzigartigkeit mehr leben als Du. Auch wenn sie Dir zuerst noch so exotisch und unverständlich vorkommen mögen. Sei respektvoll und offen für das, was sie durch ihr lebendiges Beispiel zu geben haben. Bist Du auf Deinem Weg und verwirklichst Dich selbst weitgehend in dem, was Du tust, nimm Deine Verantwortung wahr und hilf suchenden Mitmenschen, so unverständig und banal sie Dir auch zuerst erscheinen mögen, durch Dein lebendiges Beispiel zu ihrer eigenen individuellen Kraft, ihren persönlichen Weg zu finden. Durch diese Lehrtätigkeit wirst Du immer weitere Talente bei Dir selbst erwecken und so ebenfalls weiter lernen können. Behandle Deine Schüler mit Respekt und Dankbarkeit, denn ihr spielt letztlich nur dasselbe Spiel in verschiedenen Rollen. Vielleicht wird in bestimmten Situationen ein Schüler auch zu Deinem Lehrer. Sei offen dafür und nimm an, was geboten wird.

5. Kapitel

Der spirituelle Sinn des Besitzes

Was ist der esoterische Sinn des Besitzes?

Die verborgene Dimension des Besitzes liegt in der einzigartigen Möglichkeit, durch den verantwortungsbewußten Umgang mit ihm teilzuhaben an der Schöpfung. Ein Stück der Welt selber im göttlichen Auftrag, aber unter eigener Regie gestalten, entwickeln und mit dem Rest des Universums sinnvoll verbinden zu können. Der bewußte Umgang mit Deinem Besitz kann Dir helfen, die Rolle Gottes besser zu verstehen und ihm damit näher zu kommen. Der Mensch wurde vielen Überlieferungen zu Folge nach Gottes Ebenbild geschaffen. Doch wer erkennt den Teil seiner Selbst, der göttlich, heil und ganz ist, wirklich an? Wir alle haben auf dieser Ebene die Aufgabe, den Funken der Göttlichkeit in unserer materiellen Hülle zu erkennen, lieben zu lernen und sein Licht hell in die Welt strahlen zu lassen, damit es sich mit den anderen kleinen Lichtern und letztlich auch mit dem großen Licht der Urkraft der Schöpfung in einer das kosmische Bewußtsein transzendierenden Synthese verbinden kann. Der Besitz kann für den Menschen eine Hilfe sein, die eigene Schöpfer- und Bewahrerkraft zu entdecken und zu entwickeln und damit diese göttlichen Anteile leben zu lernen.

Besitz und Erdung

Der Besitz ist der Dir zugeordnete Teil der Erde und verbindet Dich mit ihr. Er kann Deine Erdung sein - die Quelle Deiner Yin-Energie. Indem Du ihn mehrst, schützt und immer besser nutzen lernst, formt sich Dein Bewußtsein des Wertes der irdischen Qualität. Wenn Du erfährst, was die Erde alles an wunderbaren Möglichkeiten für Dich bereithält, wird Dein Respekt für materielle Dinge wachsen und irgendwann zu aufrichtiger Liebe werden. Besitz verbindet Dich mit der materiellen Existenz, dem Yin-Pol der Lebensenergie.

Was Du nicht zumindest einmal besessen hast, kannst Du nicht wirklich verstehen - was Du nicht zumindest einmal verstanden hast, kannst Du nicht wirklich besitzen!
(Walter Lübeck)

Dein ursprünglichster, innerer Besitz ist Dein Körper. Der Sitz Deiner Seele. Wirst Du älter, bekommst Du je nach Erfordernis und Deiner Offenheit für die Gaben des Universums weiteren, äußeren Besitz dazu. Diesen kannst Du durch die verschiedensten Lebenssituationen wieder verlieren. Deinen Körper gibst Du erst ab, wenn Deine irdische Existenz beendet ist. Eine weitere Form des Besitzes sind Nahrung, Wasser und Luft. Sie sind zeitweilig Dein und gehen wieder von Dir, wenn sie im Kreislauf der Energien ihren Sinn für Dich erfüllt haben. Im Grunde bilden sie in einem schnellen Zyklus nach, was anderer äußerer Besitz sehr viel langsamer tut. Die Atemluft stellt sich Dir zur Verfügung, damit Dein Stoffwechsel funktioniert, Energie umsetzen und bestimmte Gifte, also für Dich unbrauchbare Stoffe, ausscheiden kann. Sie wird dabei nicht *verbraucht*, also zerstört, sondern *gebraucht*, indem sie viele Beziehungen mit anderen Stoffen in Dir eingeht, diese wieder beendet und letztlich von Dir geht, um anderen Wesen zu dienen. Du brauchst sie also, um Deine Fähigkeiten zu entfalten und Deine Körperlichkeit zu bewahren. Hast Du zum Beispiel ein Auto, einen anderen äußerlichen Besitz, erfüllt das im Grunde dieselben Aufgaben. Es hilft Dir im Prozeß Deiner Selbstverwirklichung, indem Du schnell wichtige Stationen in Deinem Leben, wie Arbeitsplatz, Freunde, Urlaubsziele mit ihm erreichen kannst und schützt Dich vor den Belastungen der Witterung. Besitz ist also notwendig, um Erfahrungen machen zu können. Je mehr Du ihn akzeptierst, um so bessere Dienste kann er Dir leisten. Je mehr Du ihn liebst, damit meine ich nicht, "an ihm klebst", desto weniger ist es Dir möglich, ihn für destruktive Zwecke zu mißbrauchen!

Besitz und Verantwortung

Alles, was Du besitzt, kann eine Quelle von Kraft, von Macht sein. Besitz kann Reichtum, Überfluß schaffen, wenn er richtig genutzt wird. Er kann aber auch mißbraucht werden, um Dich und Deine Umwelt auf unnatürliche Weise für unsinnige Ziele auszubeuten. Der Besitzer entscheidet letztlich über die Art der Verwendung seiner Güter. Er kann an dieser Verantwortung wachsen oder auch nicht, indem er so tut, als werde er von äußeren Umständen gezwungen, seine Mittel anders einzusetzen, als er eigentlich will.

Besitz verleiht Macht. Macht verpflichtet zur Vorbildlichkeit. Wenn der Mächtige dieser Verpflichtung nicht mehr genügt, greift die Masse nach seinem Besitz. (Moser)

Wenn Du lernen möchtest, verantwortungsbewußt und ganzheitlich mit Deinem Besitz umzugehen, suche immer wieder zu verstehen, warum Du gerade diesen Besitz zur Zeit Dein eigen nennst, welchen Beitrag er zu Deiner Selbstentfaltung liefern könnte und wie Du ihn so einsetzen kannst, daß mit möglichst wenig Einsatz möglichst viel Konstruktives für die Welt geschaffen wird. Stelle dabei immer praktische Ziele in den Vordergrund. Der Nutzen muß konkret sein! Erst dann kannst Du hinterher überprüfen, wie effektiv und vernünftig Dein Umgang mit Deinen Gütern war, Verbesserungsmöglichkeiten finden und diese ausprobieren.

Besitz und Liebe

Es ist also notwendig, Deinen Besitz zu lieben. Denn alles, was Du liebst, wird letztlich zu Deinem Helfer. Vielleicht fällt es Dir manchmal schwer, Besitz zu lieben. Dann mach ab und an einmal die folgende Übung, die Dir auch dabei helfen kann, Deine materiellen Güter ganzheitlich sinnvoll und effektiv zu nutzen:

Übung 1 - Was Dein Besitz für Dich tun kann

Entspanne Dich, indem Du auf Deinen Atem achtest. Dann suche aus Deinem Gedächtnis einen Teil Deines Besitzes hervor. Nun mach Dir bewußt, welche Funktionen dieses Gut in Deinem Leben erfüllt, wie es Dir dient. Versuche möglichst vollständig alles zu erfassen. Meinst Du, alles in Dein Bewußtsein geholt zu haben, bedanke Dich dafür, daß Du diese Möglichkeiten hast. Dieser Teil der Übung hilft Dir, die Fähigkeit der Dankbarkeit, Dein Bewußtsein und Deine Liebesfähigkeit zu entfalten.

Dann finde heraus, was Du noch alles mit diesem Besitz anfangen könntest. Welche Dienste kann er Dir noch bieten, die Du bisher übersehen hast? Schöpfe seine Möglichkeiten möglichst weitgehend aus. Sie sind ja für Dich bestimmt und warten darauf, daß Du sie endlich verwendest. Dieser Teil der Übung wird Dir helfen, Deine Güter besser und vollständiger zu nutzen und sie nicht ungebraucht im Schrank vergammeln zu lassen.

Besitz als Behinderung Deiner Entwicklung

Immer, wenn Du Besitz anhäufst, ohne ihn vernünftig im ganzheitlichen Sinne zu nutzen oder ihn bewußt oder unbewußt ablehnst, kann er Deine Entwicklung behindern. Eine wirksame Methode, diese beiden Fallstricke zu umgehen, hast Du bereits im letzten Abschnitt kennengelernt und hoffentlich auch ausprobiert. Oder wolltest Du Deinen Besitz - dieses Buch gehört auch dazu - lieber nicht nutzen und hast die Übung ausgelassen? Eine weitere empfehlenswerte Methode möchte ich Dir jetzt vorstellen:

Übung 2: Ballast abwerfen

Nimm Dir mindestens eine gute Stunde Zeit, einen Schreiber und Papier. Gehe durch Deine Wohnung und suche Teile Deines Besitzes, die Du nicht mehr brauchst, zusammen. Trage, was Du gefunden hast, zu einem Platz und sortiere es in zwei Stapel. Einen für die Dinge, die Du verkaufen oder verschenken kannst. Die also bei Dir fehl am Platze sind, aber anderen durchaus noch dienlich sein können. Und einen weiteren für Sachen, die Du in den Müll geben willst, weil sie Deiner Ansicht nach keinen Gebrauchswert mehr haben. Bedanke Dich bei beiden für ihre Dienste in Deinem Leben, bevor Du sie weg gibst. Wenn Du Deinen Lebensbereich so aufgeräumt hast, verbrenne überall ein wenig Salbei, um auch die alten Energien zu entfernen und Platz für Neues aller Art zu schaffen.

Besitz als Turbolader Deiner Entwicklung

Richtig eingesetzt können materielle Güter die Entfaltung Deiner Persönlichkeit enorm fördern. Wie das geht? Nun ganz einfach: Finde mit Hilfe eines Pendels und den Tafeln im Anhang 1 oder mit dem chakraorientierten Orakel in Anhang 2 heraus, welche Chakren bei Dir zur Zeit in erster Linie entwickelt werden sollten, dann verwende eine der beigefügten Blanko-Pendeltafeln und notiere die verschieden Formen von Besitz, die Du hast. Zum Beispiel: Deinen Körper, Deine Wohnung, Deinen Garten, Bücher, Fernseher, Küche, Malsachen, Sportgeräte, Schreibzeug usw. Nun pendele aus, welche Deiner Güter zur Zeit geeignet sind, um die Chakren zu entwickeln, die zur Zeit entwicklungsbedürftig sind. Dann führe die oben beschriebene Übung 1 durch, um herauszufinden, was Du alles mit diesen Sachen anfangen könntest. Mache ein Spiel daraus und nutze die Möglichkeiten aus der Lebensfreude heraus.

Was Du ererbt von Deinen Eltern, erwirb es, um es zu besitzen!

In dieser Phrase verbirgt sich eine tiefe Wahrheit. Alles, was Du nicht selbst durch Deinen persönlichen Einsatz an Besitz erworben hast, kannst Du grundsätzlich nicht als Möglichkeit Deiner Persönlichkeitsentfaltung nutzen, bis Du durch ein tiefes Verständnis seines Wertes einen inneren Bezug und damit Achtung, Respekt und Liebe zu ihm entwickelt hast. Dieser Bezug kann nur aus der verarbeiteten Erfahrung, die aus der bewußten Nutzung der ererbten Güter erwuchs, entstehen. Gehe intensiv und aufmerksam mit Besitz, der nicht als Ergebnis Deiner Leistung zu Dir kam, um und erfahre seine besondere Qualität. Sonst wird er zum Ballast! Ererbtes Vermögen kann sicher ein leichtes, oberflächlich gesehen, schönes Leben bereiten. Doch bedenke: Sinn, Befriedigung und Glück kommen damit nicht automatisch zu Dir. Im Gegenteil! Wenn Du nicht achtsam bist, versuchst Du womöglich durch den Einsatz der Dir geschenkten Güter, Herausforderungen zum Lernen zu umgehen, Härten abzupolstern, die besser bewältigt werden sollten und blockierst Dir damit wichtige Chancen, Deine wahren Talente und Grenzen kennenzulernen. Ungenutzter Besitz kann bewußtlos machen. Gerade, wenn Du zu seinem Wert und der mit dem Nutzungsrecht verbundenen Verantwortung keinen inneren Bezug entwickelt hast. Dieser Sachverhalt gilt natürlich nicht nur für ererbten Besitz, sondern eben für jede Art von Vermögen, das ohne Deine persönliche Leistung zu Dir kommt. Solcher Besitz ist natürlich eine tolle Sache für Dich, wenn Du ihn von Anfang an richtig nutzt, durch bewußten und liebevollen Gebrauch seinen Wert nach und nach erfährst und ihn Dir damit zu eigen machst. Zu genau diesem Zweck ist er ja auch durch die Gunst der kosmischen Kräfte zu Dir gekommen. Doch Du weißt ja: Die größten Chancen tragen gleichzeitig immer ein gleich großes Risiko und umgekehrt. Freue Dich darüber, spiele liebevoll damit und wachse daran!

Besitz und das Steigen der Kundalini-Energie

Die Kundalini-Kraft ist die stärkste auf der Erde vorhandene Form von polarer Lebensenergie. Sie ist absolut Yin - die heilige Kraft der großen Mutter Erde, deren letztliche Bestimmung es ist, getragen von der erweckten Schwingung des menschlichen Herzens, der bedingungslosen Liebe zu allem, was ist, zum Himmel, der Quelle der absoluten Yang-Energie aufsteigen und sich mit dem kosmischen Bewußtsein der Erkenntnis vereinigen zu können. Gespeichert in Deinem Wurzelchakra unter dem Steißbein wartet sie darauf, daß Du Deine irdische Existenz weitgehend lieben lernst. Hast Du dies geschafft, steigt sie durch die feinstofflichen Energiekanäle, die die Chakren miteinander verbinden, hoch und überflutet Deinen Körper und Deinen Geist mit einer unglaublichen Menge von Kraft, damit Du das, was Du Dir so mühsam an Fähigkeiten zu lieben erarbeitet hast, auch für Deine weitere Entwicklung und die der Welt nutzen kannst. Denn ohne Energie läuft nichts. Der beste Motor läuft nicht ohne Treibstoff. Und damit Dein Triebwerk auf vollen Touren laufen kann und Dir damit die Möglichkeit verschafft, Liebe in der Welt zu verbreiten, bekommst Du zu dem geeigneten Zeitpunkt die Gabe der Kundalini-Energie. Die Welt in jeder Hinsicht lieben zu lernen, ist natürlich nicht einfach. Über den bewußten, ganzheitlichen Umgang mit Besitz ist dies allerdings möglich. Du nimmst Dir praktisch stellvertretend für den Rest der Welt kleine Teile von ihr vor und versuchst eine aufrichtige innere Beziehung und ein tiefes Verständnis zu entwickeln. Da in jedem Teil der Welt alle anderen Teile als Information enthalten sind, wie auch in jeder Zelle Deines Organismus der Bauplan des ganzen Körpers vorhanden ist, kannst Du auf diese Weise die ganze Welt lieben und begreifen lernen. Bist Du im Liebenlernen gut vorangekommen, meldet sich Deine Kundalini, damit es weiter gehen kann.

Schön, nicht wahr?! Und viel praktischer als nacheinander jedes einzelne Sandkorn umzudrehen. Aber immerhin selbst mit dieser Möglichkeit braucht jeder von uns diverse Wiedergeburten, um die Aufgabe zu bewältigen. Immerhin können wir uns zwischendurch einmal auf den feinstofflichen Ebenen ausruhen, einen Whisky-Soda trinken und von der guten alten Zeit auf der fernen Erde schwärmen, bevor wir in einem neuen Körper einen neuen Teil unseres übergreifenden Lebensplanes abarbeiten.

See You!

Merksätze zum glückbringenden Umgang mit Deinem Besitz

1. Das Gesetz der Holographie

In jedem Teil der Welt spiegeln sich alle ihre anderen Teile. Lernst Du einen Teil restlos lieben, indem Du ihn besitzt und im verantwortungsbewußten Umgang mit ihm Erfahrungen machst, lernst Du die ganze Welt zu lieben.

2. Das Gesetz der Verantwortung

Dein Besitz und seine Nutzung unterstehen Deiner Verantwortung. Nimmst Du sie wahr, wird der Umgang mit den Dir gehörenden Teilen der Materie zum Motor Deiner Entwicklung. Erklärst Du Dich für nicht zuständig oder mißbrauchst dieses Geschenk, wird Deine Entwicklung behindert oder unmöglich gemacht.

3. Das Gesetz des bewußten Annehmens und Abgebens

Erwarte von Deinem Besitz, daß er Dir hilft, Dich zu entwickeln, und achte sorgsam auf seine Botschaften. Bekommst Du neue Güter dazu, versuche ihre Funktion in Deinem Lebensplan zu verstehen und anzunehmen. Mußt Du Besitz abgeben, versuche zu begreifen, welcher Entwicklungszyklus nun für Dich beendet ist, oder wo Du Dich so standhaft geweigert hast, zu lernen, daß diese Möglichkeiten zu anderen umgeleitet werden mußten, die mehr daraus machen wollen. Nimm das Ende eines Lernkreises an und halte Ausschau nach dem Anfang des nächsten, damit Du weiter bewußt im Strom des Lebens mitschwimmen kannst und es Dir gut geht in Deiner irdischen Existenz.

6. Kapitel

Der Sinn des Austausches

Sobald Du mit Geld, Beruf, Arbeit oder Besitz umgehst, finden Austauschprozesse aller Art statt. Aber halt! Wirklich nur da? Wie sieht es denn mit der Luft aus, die Du ein- und ausatmest? Oder mit der Nahrung, die Du aufnimmst, und den für Dich unbrauchbaren Stoffen, die Du abgibst und die dann zum Beispiel Pflanzen als Dünger dienen. Oder mit dem, was Du lernst, also hereinnimmst, für Dich umsetzt und dann anwendest, also wieder nach außen abgibst? Das sind doch alles Austauschprozesse! Schau Dich in der Natur um. Alles, was lebt, stoffwechselt: nimmt Stoffe auf, gebraucht sie und gibt sie verändert, aber nicht verbraucht, ab, damit sie von anderen, die diese Substanzen oder Energien gerade in dieser Form gebrauchen können, aufgenommen werden. Austausch ist Natur, ist Leben, ist Gesundheit. In der modernen ganzheitlichen Medizin wurde der Begriff der "Blockade", die eine Krankheit unterhält oder verursacht, geprägt. Dort, wo der Fluß der Energien und Stoffe blockiert, also gemindert oder ganz aufgehoben ist, stellt sich automatisch Krankheit ein. Stillstand ist Tod. Ungehemmtes Wechselspiel der Kräfte bringt Leben, Heilung und Wachstum hervor.

Wenn Du die Fähigkeit entwickelst, den Fluß der Energien mit Deiner Aufmerksamkeit zu verfolgen, zu bemerken, wo er ungehemmt strömt und wo und warum er träge wird oder zum Stehen kommt, entfalten sich ganz automatisch dadurch nacheinander zwei Kräfte: die Kraft der Liebe und daraus entstehend die Kraft der Heilung. Kein Mensch kann wirklich bewußt längere Zeit Tod, Krankheit und Leid beobachten, ohne den Wunsch zu entwickeln, zu helfen, zu heilen und wieder Lebendigkeit herzustellen. Denn diese Beobachtung spricht den Kern seiner

Seele an, die auf die Welt gekommen ist, um zu wachsen und lieben zu lernen. Grausamkeit wird letztlich bedingt durch fehlendes Bewußtsein. Liebe wird letztlich aus der häufigen bewußten Anteilnahme an Lebensprozessen erwachsen.

Dieses Buch ist der materiellen Ausprägung der Schöpfung gewidmet, weil diese eine für jeden Menschen ständig erreichbare Wachstumschance und Erleuchtungsmöglichkeit darstellt. Ja, Du hast richtig gelesen! Ich meine das auch so und werde es Dir weiter unten genauer erklären, wie sich durch bewußten Austausch mit der Umwelt auf allen Ebenen des Seins ganz von allein Erleuchtungserfahrungen einstellen. Um diese Tatsache tiefgreifend verständlich zu machen, muß ich allerdings etwas weiter ausholen.

Die sieben kosmischen Gesetze der Vervollkommnung der Schöpfung

Die Fortentwicklung der Schöpfung läuft nach bestimmten ewigen Gesetzen ab. Um ein konstantes Wachstum, eine ständige Vervollkommnung allen Lebens zu gewährleisten, müssen Richtlinien, Grundgesetze der Natur vorhanden sein, die alle Eventualitäten des Geschehens angemessen berücksichtigen. Ich forsche seit vielen Jahren in den verschiedensten Wissens- und Erfahrungsgebieten zu diesem Thema und möchte die Ergebnisse meiner Arbeit jetzt gerne mit Dir teilen. Mein Anspruch ist dabei nicht, Dir der Weisheit letzten Schluß ohne Widerspruchs-möglichkeit an den Kopf zu werfen. Nimm meine sorgfältig ausgewerteten Erfahrungen als Anregung, eigene Sichtweisen dieser Gesetze zu bekommen - oder übernimm meine Schluß-folgerungen, wenn Du sie gründlich geprüft und für gut und praktisch anwendbar befunden hast. Eines solltest Du auf keinen Fall tun: einfach über die Bearbeitung dieses wichtigen Themas hinweggehen und Deine alten Urteile ohne weiteres festschreiben. Damit würdest Du eine wichtige Chance, mehr Sinn, Glück und Erfolg in Dein Leben zu bringen, verschenken.

Das erste Gesetz besagt, daß Leben für ein Wesen auf dieser Ebene nur möglich ist, wenn es an Austausch- und Umwandlungsprozessen teilnimmt. Je mehr ein Wesen diese Prozesse beschränkt, desto leidender wird es und stirbt im Extremfall, wenn es sich dem allgemeinen Austauschgeschehen grundsätzlich und nachhaltig verweigert. Ein einseitiger, unvollkommener und damit unfairer Austausch läßt sich durch den Begriff "karmische Belastung" beschreiben. Durch ihn wird ein Automatismus zum Ausgleich der energetischen Verhältnisse in Bewegung gesetzt, der um so heftiger wirkt, je mehr und je länger sich die beteiligten Parteien in einem Ungleichgewicht befinden. So ist sichergestellt, daß "Spielverderber" in ihrem Handlungsvermögen eingeschränkt bzw. vom Spielfeld befördert werden, damit sie nicht behindernd im Wege herumstehen und anderen, die gerne teilnehmen würden, den Platz wegnehmen. Mach Dir die weitreichenden Konsequenzen dieses Gesetzes für Langlebigkeit, Heilung und Erfolg bewußt! Im Grunde ließe sich allein über die Auswirkungen dieser Regel mindestens ein umfangreiches Werk schreiben.

Das zweite Gesetz besagt, daß nichts in der Welt in seinem essentiellen Energiemuster doppelt vorhanden ist. Das bedeutet, jedes Wesen ist einzigartig und hat einmalige Talente. Dadurch ist auf einer grundsätzlichen Ebene jedes Lebewesen wichtig und unentbehrlich für die Evolution. Denn wer könnte seine besondere Leistung ersetzen? Mach Dir bewußt, welche Konsequenzen dieses Gesetz für Dein Selbstbild und Deine Vorstellungen von dem Wert anderer Wesen hat!

Das dritte Gesetz besagt, daß alle Stoffe und Energien, die von einem Wesen aufgenommen, umgewandelt und ausgeschieden werden, durch diesen Prozeß untrennbar mit seinem essentiellen Energiemuster imprägniert werden. Das bedeutet, alles was Du aufnimmst und in Dir wirklich gebrauchst, wird den Stempel Deiner Individualität mit in die Welt hinaustragen und verbreiten. Nichts von Deiner Einzigartigkeit geht wirklich jemals verloren!

Das vierte Gesetz besagt, daß alles, was Du aufnimmst und in Deinen Stoffwechsel, egal auf welcher Ebene, einbeziehst, Dir die Möglichkeit gibt, die individuellen Prägungen, die ja darin enthalten sind, als Information in Dein System hinein zu nehmen, ohne sie dabei zu löschen. Das heißt, Du kannst beinahe* automatisch wachsen, wenn Du nur an den Dir zufallenden Austauschprozessen des Universums teilnimmst.

Das fünfte Gesetz besagt, daß das jeweilige Muster eines anderen Wesens Informationen auf verschiedenen Ebenen enthält, und daß diese um so unbewußter, automatischer in Dein System integriert werden können, je materieller, grobstofflicher sie sind. Um Deinen materiellen Stoffwechsel brauchst Du Dich ja kaum zu kümmern. Du ißt oder atmest und Dein Körper macht den Rest, während Du Dich mit anderen Sachen befassen kannst. Je feinstofflicher die Informationen sind, desto mehr Bewußtheit mußt Du aufwenden, um diese in Dein System integrieren zu können. Das bedeutet zum Beispiel, daß Heilung und Entwicklung auf den rein körperlichen Ebenen nicht zwangsläufig Bewußtwerdungsprozesse voraussetzen. Heilung und Wachstum sind auf den spirituellen, feinstofflichen Ebenen ohne Bewußtseinserweiterung nicht möglich. Und als weitere Schlußfolgerung: Je bewußter Du mit der Welt umgehst, desto spiritueller entwickelst Du Dich.

Das sechste Gesetz besagt, daß jeder bewußte Austauschprozeß, der alle Ebenen gleichermaßen berührt und ohne Vorbehalte abläuft, dem betroffenen Wesen eine direkte Verbindung zur Ebene der Einheit verschafft. Ich könnte dies auch als Erleuchtung bezeichnen, weil die Yin-Energie als Ausdruck und Essenz der irdischen Schöpfung, der materiellen Form, durch diesen vorbehaltlosen schöpferischen und liebevollen Akt ohne irgendeine Hemmung und Verzögerung mit der Yang-Energie als Ausdruck und Essenz des Himmels verbunden wird. Der Schalter wird

---

Das "beinahe" erklärt das nächste Gesetz.

umgelegt, der Strom kann fließen und die Lampe erstrahlt - Erleuchtung findet statt! Um diese Art von absolutem Austauschverhalten ablaufen lassen zu können, ist einiges an Übung erforderlich. Absichtslosigkeit muß sich einstellen, damit nichts mehr den Fluß der Kräfte behindert. Das geht nur, wenn Du verstanden hast, das alles, was zu Dir kommt, absolut wertvoll, wichtig, einzigartig und gerade jetzt für Dich genau passend ist, weil Dir das Universum nun mal keine unpassenden Angebote macht. Damit fällt die Angst weg, irgendetwas nicht zu bekommen, von dem Du glaubst, daß Du es jetzt unbedingt brauchst. Der Erleuchtete hat keine Gleichgültigkeitshaltung, die auf Desinteresse beruht. Er ist im Gegenteil äußerst interessiert an den Dingen, die zu ihm kommen. Aus seiner Weisheit heraus hat er ihre Bedeutung wirklich verstanden und akzeptiert. Deshalb nimmt er sie ohne Zögern und Bedenken an. Erleuchtung ist also ein Ergebnis rechter Teilnahme an Austauschprozessen.

Das siebte Gesetz besagt, daß jedes Wesen die Geschwindigkeit der Informationsaufnahme und Integration und damit seines Wachstums auf allen Ebenen selbst vollkommen frei bestimmen kann, indem es a) sein Bewußtsein nur auf bestimmte Ebenen richtet und damit die Entwicklung dort schwerpunktmäßig fördern kann. Und b) indem es aus dem stets überreichlichen Angebot die Informationsträger aufnimmt, die in seiner derzeitigen Verfassung am leichtesten verwertet und integriert werden können. Das bedeutet in der Praxis, je mehr Du Deine Stärken und Schwächen kennst und bei der Auswahl der Austauschprozesse berücksichtigst, desto leichter und schneller kommst Du auf Deinem Weg voran! Auch hier ist also letztlich wieder der Grad Deiner Bewußtheit gefragt.

Der Austausch und die sieben Hauptchakren

Laß uns jetzt kurz die sieben Ebenen, auf denen der Energieaustausch stattfindet, betrachten, bevor wir die praktische Anwendung dieses tiefen Wissens in Deinem Alltag untersuchen.

Auf der ersten Ebene ist das Wurzelchakra betroffen. Hier sollte ein Austausch Deine Überlebensfähigkeit im weitesten Sinne sichern und stärken.

Auf der zweiten Ebene ist das Lebenslust- und Beziehungschakra betroffen. Hier sollte ein Austausch Deine Beziehungsfähigkeit im weitesten Sinne sichern und stärken, sowie Freude und ein Gefühl der harmonischen Erfüllung hervorrufen.

Auf der dritten Ebene ist Dein Macht-, Analyse- und Verdauungschakra betroffen. Hier sollte ein Austausch Deine persönliche Machtfähigkeit, Deine Möglichkeiten auf allen Ebenen des Seins zu analysieren und Materielles und Energien zu verdauen, sichern und stärken.

Auf der vierten Ebene ist Dein Herzchakra betroffen. Hier sollte ein Austausch Deine Liebes-, Synthese- und Integrationsfähigkeiten sichern und stärken.

Auf der fünften Ebene ist Dein Halschakra betroffen. Hier sollte ein Austausch die Fähigkeit des Selbstausdrucks, der Kommunikation, der Selbsterfahrung und -verwirklichung aller Bereiche Deines Seins sichern und stärken.

Auf der sechsten Ebene ist Dein Stirnchakra, Dein 3. Auge, betroffen. Hier sollte ein Austausch die Erkenntnis- und Wegfindungsfähigkeit im weitesten Sinne sichern und stärken.

Auf der siebten Ebene ist Dein Kronenchakra betroffen. Hier sollte ein Austausch Deine Fähigkeit zur Erfahrung Gottes in allem was ist, sichern und stärken. Hast Du die unteren sechs Ebenen allerdings mit ihren Möglichkeiten akzeptiert, wird die siebte automatisch einbezogen.

Natürlich ließe sich noch viel über die mannigfachen Bedeutungen der sieben Ebenen oder sieben Chakren sagen. Hier fehlt leider der Platz dazu. Im Anhang 2 findest Du weitere Informationen und die kommentierte Bibliographie enthält interessante Standardwerke zu diesem Thema. Es wäre auf jeden Fall nützlich, wenn Du Dich gründlich in diese Zusammenhänge einarbeitest. Versuche in Austauschprozessen aller Art zu verstehen, welche der beschriebenen Ebenen besonders von Deinem Austauschpartner betont werden und ob er sie dann auch tatsächlich anspricht. Dann spüre in Dich hinein, auf welchen Ebenen bei Dir zur Zeit der größte Austauschbedarf vorliegt und beurteile, ob Deine Bedürfnisse tatsächlich bei dem Handel ausreichend berücksichtigt werden. Ein Beispiel dazu: Wenn ein Mann für seinen Wagen neue Reifen braucht und sich spontan für eine Marke entscheidet, die in der ihm bekannten Werbung in Zusammenhang mit einer ansprechenden Frau dargestellt wird, möchte er sich wahrscheinlich im Grunde eine Geliebte beschaffen, die suggestiv über die Werbung mit der Marke in Zusammenhang gebracht wurde. Wird er sich darüber klar, welche unbefriedigten Bedürfnisse ihn da an der Nase herumführen, kann er lernen, eine Partnerin und einen passenden Reifen zu suchen - nur eben getrennt und deswegen mit Aussicht auf realen Erfolg und auf tatsächliche Befriedigung seiner Wünsche!

Fünf Regeln zur Erleuchtung durch harmonischen Austausch im Alltag

Wie lassen sich diese Erkenntnisse nun in Deinen Alltag integrieren? Auch dazu gibt es einen einfachen Weg, nämlich den des geringsten Widerstandes. Jedesmal, wenn Du in eine Austauschsituation kommst, gehe nach dem folgenden, fünfstufigen Plan vor:

1. Freude annehmen

Kommst Du mit dem Angebotenen gefühlsmäßig zurecht, befriedigt es (ausreichend) Deine wirklichen Bedürfnisse (diese beiden Punkte sind oft die wichtigsten!) und erscheint es Dir nach einer eingehenden Prüfung den zu zahlenden Preis wert, nimm es und erfreue Dich daran, es zu besitzen und gebrauchen zu dürfen.

2. Schwierigkeiten vermeiden

Können Deine wirklichen Wünsche durch das Angebotene nicht (ausreichend) erfüllt werden oder erscheint es Dir nicht den Preis wert und hast Du außerdem die Wahl, dann laß es liegen und suche Dir etwas anderes, daß Dir viel besser gefällt.

3. Unpassendes anpassen

Kommst Du mit dem Angebotenen nicht zurecht, mußt es aber aus irgendeinem Grunde annehmen, versuche mit allen Mitteln seinen Nutzen für Dich zu verstehen und es so zu gebrauchen, daß es Dir doch recht viel Freude und Befriedigung schenkt. Aus meiner Erfahrung kann ich sagen, daß es in den allermeisten Fällen klappt, so eine erst einmal ungewollte Sache doch noch so zu ändern und zu verstehen, daß Du sie schätzen lernst und Deinen Spaß daran hast.

4. Geduld lernen

Magst Du das Angebotene nicht, mußt es aber aus irgendeinem Grunde annehmen und kannst es weder für Dich passend machen, noch seinen Sinn für Dich verstehen und umsetzen, übe Dich in Geduld - zumindest das kannst Du immer lernen und Geduld ist ein wertvoller Schatz! - und versuche das eingetauschte Gut irgendwie zu akzeptieren, ohne ständig deswegen unzufrieden oder ärgerlich zu sein. Es ist schon hart genug, mit so einer Sache zurecht kommen zu müssen. Mach es Dir nicht noch schwerer, indem Du Dir selbst vermeidbaren Streß produzierst!

5. Neue Denkweisen entwickeln

Als Erweiterung des letzten Schrittes, um doch noch etwas aus Deinem vermeintlich sinnlosen neuen Besitz zu machen: ändere Deine Einstellung zu diesem Gut total. Sieh es aus einer ganz anderen Perspektive. Frage andere Menschen danach, was sie daraus Sinnvolles machen würden, lies Bücher, sammele Informationen über andere Sichtweisen, die Dir doch noch zu einer sinnvollen und aufbauenden Nutzung Deines Besitzes verhelfen könnten, arbeite mit Orakeln - bis Du es geschafft hast. Es klappt übrigens immer und verschafft Dir die meiste Befriedigung. Es eröffnet vollkommen neue Wachstumschancen und macht Dir letztlich den meisten Spaß. Vorausgesetzt, Du bist hartnäckig* und gibst nicht auf, bis Du fündig geworden bist!

So gerüstet kommst Du sicher zur Erleuchtung. Jedenfalls, wenn Du diese Zeilen nicht nur liest, sondern auch umsetzt. Ach ja - gerade im Geschäftsleben kannst Du durch die Anwendung der Gesetze und Tips dieses Kapitels eine Menge Erfolge einsammeln und gleichzeitig Deine Persönlichkeit aufbauen. Nimm Dir mal einen Tag dafür Zeit, die hier dargelegten Prinzipien in Form einer schriftlichen Ausarbeitung als Lösungsmöglichkeiten für Deine beruflichen Probleme anzuwenden. Ergänzend kannst Du die Pendeltafeln in Anhang 1 und das "Chakraorientierte Orakel" in Anhang 2 dazu heranziehen. Im Grunde wirst Du aber mit diesem Kapitel auskommen, wenn Du Dich bemühst, die Zusammenhänge wirklich zu verstehen. Viel Erfolg und Spaß dabei!

---

*Siehe auch: Schritt 4 (Geduld lernen)

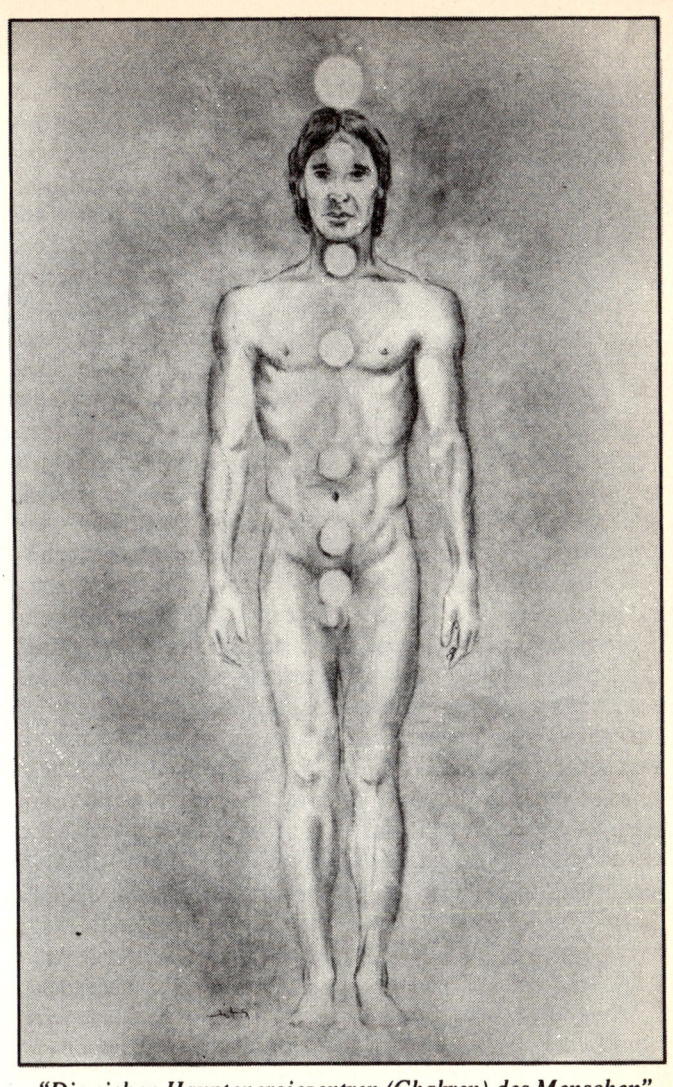

"Die sieben Hauptenergiezentren (Chakren) des Menschen"

7. Kapitel

Spiritualität und Börse

Wahrscheinlich wunderst Du Dich, daß ich ein scheinbar so profanes Thema wie die Börse in diesem Buch abhandle. Und dann auch noch zusammen mit Spiritualität. Bei Captain Hook käme ich dafür wohl in die "Pfui-Bah-Kiste".* Hoffentlich bist Du gnädiger mit mir und liest erstmal weiter.

Ein I Ging-Lehrling an der Börse

In meinen "wilden Jahren" als Wertpapierspekulant testete ich natürlich jedes mir bekannte esoterische Werkzeug im harten Börsenalltag auf seine Praxistauglichkeit. So auch das I Ging, ein uraltes und sehr umfangreiches chinesisches Orakelsystem, das inzwischen zu meinem ständigen Begleiter und absolut vertrauenswürdigen Ratgeber geworden ist. Als ich mit ihm an den verschiedensten Börsenproblemen arbeitete, die sich letztlich alle mit dem Satz: "Wie kriege ich möglichst schnell möglichst viel Geld," zusammenfassen lassen, bemerkte ich bald, daß eigentlich das I Ging an mir arbeitete. Wie ein weiser Lehrer half es mir zwar bei bestimmten Spekulationen, aber es sagte mir auch sehr deutlich, wann ich mit meiner Geldgier den Bogen überspannte und mich eigentlich besser eine Weile um mein persönliches Wachstum statt um das meines Bankkontos kümmern sollte. Egal, welche Tricks und Finten ich dann probierte, um doch mit meinem Willen durchzukommen - es durchschaute mich immer und blieb konsequent. Irgendwann verstand und akzeptier-

---

*Eine Figur aus dem wunderschönen und sehr spirituellen Film "Hook", einer Fortsetzung des "Peter Pan"-Märchens.

te ich dann endlich, daß es hier um mehr ging und fragte es, was ich nun eigentlich mit ihm an der Börse tun sollte. Überraschenderweise teilte es mir mit, ich könnte dort umfassend und praxisnah die Prinzipien der kosmischen Ordnung, das Gesetz von Yin und Yang, sowie die immerwährenden Probleme der Menschen, ihre Angst und ihre Gier, verstehen lernen. So half mir das I Ging das auf und ab der Wertpapier- und Güterpreise als irdische Entsprechungen kosmischer Energieflüsse zu begreifen. Das Verhalten der "Börsianer" lernte ich als Äußerung typisch menschlicher Eigenschaften zu interpretieren, die mir auch im Alltag, in anderen Berufen und in der Esoterikszene immer wieder begegneten. Das alte Orakel zeigte mir, daß sich daran, wie ein Mensch mit Geld, Beruf und Besitz umgeht, genau ablesen läßt, wie es um seine Liebesfähigkeit, seine Ängste und die Entwicklung seiner Spiritualität bestellt ist. Ich verlor dabei viele Illusionen über mich und lernte dadurch, die Welt und mein eigenes Wesen besser zu verstehen. Es führte mich auch zu Lehrern wie Andre Kostolany, einem Altmeister der Börse, der mir mit seiner Menschlichkeit und Natürlichkeit in dieser sonst von "tough guys"* bevölkerten Szene lange Zeit ein wichtiges Vorbild war. Kostolany geht mit materiellen Dingen aus einem von Philosophie und Musikalität geprägten Standpunkt heraus um, der jedem "Finanztechniker" die Haare zu Berge stehen läßt - und hat Erfolg damit! Die Beschäftigung mit seiner Börsenphilosophie legte die Keime, aus denen sich meine Anlagen (die menschlichen und die finanziellen - in dieser Reihenfolge) entfalten konnten. Wenn ich heute Schwierigkeiten in meinem eigenen Leben bewältige oder anderen helfe, für ihre Probleme ganzheitlich sinnvolle Lösungen zu finden und anzuwenden, schöpfe ich immer wieder aus dem Wissen und den Erfahrungen, die mir das I Ging, mein "chinesischer Meister", direkt oder indirekt durch menschliche Vermittler übergab. Einiges von diesem Reichtum möchte ich jetzt mit Dir teilen und Dir dabei zeigen, wie sich Menschen, egal, ob sie sich

*Amerikanischer Slang: Harte Kerle/Gerissene Typen.

83

mit Wertpapierspekulation und Finanztransaktionen oder mit Esoterik und Spiritualität befassen, immer wieder gleich verhalten und die gleichen Motive dafür haben. Du kannst durch die Beobachtung des Verhaltens der Menschen bei der Beschäftigung mit materiellen Werten ein tiefes spirituelles Weltverständnis entwickeln. Und was das Wichtigste an dieser Art des Lernens ist: Es ist kein akademisches, weltfremdes Wissen, das nicht für den Alltag taugt, sondern aus dem "normalen" Leben geschöpft, um es Dir zu ermöglichen, Deinen Alltag auf spirituelle, glückbringende Weise zu leben. Die Zeiten, in denen Esoteriker als Einsiedler in die Wildnis gingen, um Erfüllung zu finden, sind mit dem Beginn des Wassermannzeitalters endlich vorbei! Heute geht es darum, das Leben eines jeden in einen spirituellen Zusammenhang zu setzen und so die Schwingung des Lichtes und der Liebe wieder teil unserer Welt werden zu lassen. Sicher eine große Herausforderung für uns alle, doch auch eine noch größere Chance. Es gibt genug Probleme, die schon zu lange ungelöst blieben und viel zu viele Menschen, die leiden und ohne Hoffnung sind, als daß wir es uns leisten könnten, weiter zu versuchen, unseren Willen durchzusetzen, statt den universalen Gesetzen des Lebens wieder auf der Erde Geltung zu verschaffen.

Ringen wir uns endlich dazu durch, die esoterische Seite des Geldes, der Industrie, der Technik und der Wissenschaft zu sehen und zu nutzen, warten goldene Zeiten auf uns. Schau Dir an, was es zu lernen gibt und nutze es, um Liebe in Dein Leben und das Deiner Umwelt zu bringen.

Die Harten und die Weichen

Ein wichtiger Faktor für steigende oder fallende Preise an den Börsen ist die psychologische Situation der Marktteilnehmer. Von Andre Kostolany habe ich die Typisierung der "harten" und "weichen" Anleger kennen und als Möglichkeit der praktischen Einordnung menschlichen Verhaltens schätzen gelernt. Diese grobe, aber tiefgreifende Charakterisierung läßt sich nicht nur an

Finanzmärkten mit Erfolg einsetzen. Sie gilt ebenso für jeden anderen Bereich menschlichen Lebens. Warum sollte sich ein grundlegendes Muster der Persönlichkeit auch nur in einer Richtung auswirken? Besonders interessant ist es, die beiden Verhaltensstrukturen im Bereich von Esoterik und Selbstfindung zu beleuchten. Viele seltsame Erscheinungen der "Esoterikszene" werden dadurch schnell verständlich. Durch dieses Verständnis kannst Du Dir und anderen helfen, sinnvoller mit Selbstfindungsprozessen umzugehen und Sackgassen zu vermeiden. Und sollte zu Deinem Weg die private oder berufliche Beschäftigung mit Geld gehören, wirst Du dieses Wissen auch dort mit großem Erfolg anwenden können. denn es sind Gesetze von universaler Gültigkeit.

Die beiden Menschentypen, die Harten und die Weichen, bestimmen weitgehend über Börsenkurse. Je nachdem, ob mehr von diesem oder jenem Lager an den Wertpapiermärkten aktiv sind, sind die Chancen für steigende oder fallende Kurse größer. Sind die Harten überwiegend im Markt, steigen die Preise ausgewählter solider Aktien langsam oder bleiben in etwa gleich, bei relativ kleinen Umsätzen. Auch bei schlechten Nachrichten aus Wirtschaft oder Politik geben die Kurse nicht unverhältnismäßig stark nach, und die Stimmung ist dabei weitgehend entspannt. Die Atmosphäre ist insgesamt verhältnismäßig ruhig. Sind mehr Weiche im Markt, wird es tendenziell hektischer. Die Kurse sehr vieler Aktien steigen schnell bei großen Umsätzen, bis die Preise hoffnungslos überhöht sind, um dann in großen Sprüngen und hysterischer Atmosphäre zu fallen. Bei guten oder schlechten Nachrichten reagiert der Markt mit unverhältnismäßig starken Kursausschlägen, wobei Nachrichten häufig völlig unlogisch bewertet werden. Warum diese Abläufe immer wieder gleich zustande kommen, erklärt sich aus dem Verhalten der beiden grundverschiedenen großen Gruppen von Marktteilnehmern.

Das Verhalten der "Harten"

Die sogenannten Harten verhalten sich, auf den Punkt gebracht, folgendermaßen: sie sammeln sorgfältig und geduldig Informationen über die Marktlage, die wirtschaftlichen Randbedingungen, die psychologische Situation der Marktteilnehmer und die Situation bestimmter Aktiengesellschaften. Sie hören sich aufmerksam die Einschätzungen von anderen an, die nachvollziehbare Erklärungen für die derzeitige Situation haben und seriös in ihrem Geschäftsgebaren sind, um Anregungen für ihre eigene Lagebeurteilung zu bekommen. Sie würden aber auf keinen Fall einfach einen Standpunkt oder eine Handlungsstrategie übernehmen, sondern sich letztlich immer selbst um ihre Angelegenheiten kümmern und die Mühen des Nachdenkens und Ringens um ihre eigene Meinung gern auf sich nehmen, weil sie wissen, daß gerade diese Anstrengung nachhaltigen Erfolg nach sich zieht. Leute, die ihnen goldene Berge aufgrund windiger, wenig realistischer Theorien versprechen oder durch Katastrophengerede (Inflation, Krieg, Verschwörungen, Bankenzusammenbruch etc.) das Geld aus der Tasche ziehen wollen, nehmen sie nicht ernst, sondern geben sich allenfalls damit ab, um ein wenig Belustigung im Alltag zu genießen. Haben sie sich eine fundierte Meinung gebildet, nehmen sie Geld, auf das sie nicht angewiesen sind, behalten aber immer noch etwas in Reserve, um günstigere Kurse nutzen zu können, und legen es entsprechend ihren Ansichten an. In diesen Anlagen bleibt es, auch wenn die Kurse mal einige Zeit absacken sollten, solange, bis sich eine nachhaltige Änderung der Gesamtsituation ergibt, die einen Verkauf wirklich sinnvoll erscheinen läßt. Harte steigen in bestimmte Werte ein, wenn die Mehrzahl des Börsenpublikums (die Weichen) pessimistisch ist und ihre Aktien zu Tiefpreisen verschleudert und sie verkaufen, wenn die Mehrheit der Marktteilnehmer (wieder die Weichen) euphorisch ist und wegen des Glaubens an weiter steigende Kurse zu beinahe jedem Preis einsteigt. Das Verhalten der Harten nennt man "antizyklisch" und man kann damit auf ruhige Art eine Menge verdienen. Das Verhalten der Weichen wird als zyklisch bezeichnet, und in den allermeisten Fällen verlierst Du damit Geld und Deine guten Nerven. Die Harten schauen sich nicht jeden Tag die Kurse ihrer Aktien an, weil sie langfristigen Erfolg geplant haben. Stattdessen beobachten sie aufmerksam, ob sich wichtige Daten in der Wirtschaft oder bei den sie interessierenden Unternehmen ändern. Sie wissen, daß die Kurse *langfristig* das Resultat dieser Änderungen sind und kurzfristige Ausschläge belanglos sind. Deswegen schlafen sie ruhig, können im Tagesgeschäft entspannt sein und das verdiente Geld dazu verwenden, ihrem Leben und dem ihrer Mitmenschen mehr Qualität zu geben. Mit einem "harten" Börsianer kannst Du Dich wunderbar über Kunst, Kultur und Philosophie unterhalten. Mit ihm läßt es sich gut feiern und fröhlich sein. Er ist den schönen Dingen des Lebens aufgeschlossen und möchte sein Dasein genießen. In sich ruhend vertraut er seinen Fähigkeiten und seinem Glück, ohne deshalb seiner Gier nachzugeben und sich auf Spekulationen einzulassen, die seine Möglichkeiten, die er gut kennt, übersteigen würden. So kommt er nicht in existenzbedrohende Situationen, die seine Ängste so stark machen würden, daß er nicht mehr klar denken könnte. Deshalb ist er kein Sklave seiner materiellen Güter.

Das Verhalten der "Weichen"

Die Weichen verhalten sich, etwas verallgemeinert, völlig anders: zum Beispiel sammeln sie hektisch Informationen in Medien, die sehr sensationsorientiert sind oder hören gebannt den "Fachleuten" zu, die am lautesten schreien und von riesigen Reichtümern erzählen, die sie ihren Kunden verschaffen würden. Die Weichen kaufen dann gern das so Empfohlene ein. Meistens sind es dieselben Sachen, mit denen schon zig Generationen von Weichen betrogen worden sind: Optionen, marode Aktien von weit (je weiter, desto besser) entfernten Unternehmen oder aus exotischen Branchen, über die es wenig konkrete Informationen, aber Gerüchte von bahnbrechenden Erfindungen oder verborgenen Schätzen gibt; natürlich Gold in jeder Form, Immobilien in fernen

Ländern, Konten und Versicherungen in steuerfreien Staaten, sowie Bücher, Zeitschriften und Seminare über diese Themen. Gerne richten sich die Weichen auch nach Leuten, die behaupten, daß sie zu den Wenigen mit Durchblick gehören würden und deswegen die kommenden großen Katastrophen rechtzeitig erkannt hätten. Natürlich kaufen die Weichen dann gern, was diese "Katastrophengurus" ihnen als Überlebensmittel empfehlen und auch gerne vermitteln. Das sind meist dieselben Sachen: Gold, Immobilien (in "sicheren" Ländern), Versicherungen, Bücher, Zeitschriften und Seminare, in denen auch von Katastrophen berichtet wird, oder Aktien von exotischen Unternehmungen, die angeblich von kommenden Weltuntergängen profitieren würden. Behauptet jemand, er würde von den Medien, Politikern und den etablierten Fachleuten verfolgt, unterdrückt und totgeschwiegen, weil sie Angst vor seiner Kompetenz oder der Verbreitung seiner Informationen hätten, die ihren dunklen Zielen schaden würden, wenn die Öffentlichkeit davon wüßte, hat er bei den Weichen sofort einen großen Stein im Brett. Freudigen und mitfühlenden Herzens werden sie kaufen, was empfohlen wird. Und sie werden sich gegenseitig auf die Schultern klopfen und sich in einer verschworenen Gemeinschaft von wenigen Informierten, die aufgrund ihres Vertrauens in die richtige Sache "durchkommen" werden, gut aufgehoben fühlen. Natürlich befinden sie sich stattdessen im gar nicht so kleinen Kreis der ewig Betrogenen. Versuchen wohlmeinende Harte mit ihnen über ihre Überzeugungen zu reden und sie zum Nachdenken zu bewegen, werden die Weichen sich erst richtig bestätigt fühlen, denn ihre Berater hatten ihnen ja gesagt, daß sie vertrauen müßten und nicht den Einflüsterungen der anderen, falsch informierten, erliegen dürften, wenn sie "durchkommen" wollten. Sowohl das Katastrophenszenario, als auch die "Ich bin der, der Dich gewaltig reich machen kann"- Verkaufsstrategie haben den meisten Erfolg, wenn die Wirtschaft besonders gut läuft und wenn sie recht schlecht läuft. In Extremsituationen sind die Ängste und die Gier der Menschen nun einmal am leichtesten ansprechbar. Gerade in diesen Zeiten schauen viele Leute nach einem Führer aus, der verspricht, ihnen das zu verschaffen, was sie haben wollen, aber aus Gründen mangelnden Selbstvertrauens glauben, es nicht durch eigene Leistung bekommen zu können. Also muß ein starker Führer her!* Viele Weiche richten sich auch gern danach, was "alle sagen". Sind die Börsenkurse tief und in den Medien herrscht Pessimismus vor, werden sie ihre Wertpapiere verkaufen, weil sie glauben, nun könne es ja immer nur noch schlechter werden, und die Gesellschaft wäre ja sowieso am Ende. Die Harten kaufen dann gerne die Papiere auf, die die Weichen verschleudern, denn sie wissen, daß auf jedes Tief ein Hoch** folgt und daß es um so schneller wieder nach oben geht, je mehr Leute sagen, es könne nur schlechter werden. Steigen die Kurse dann, behalten die Weichen erst mal ihren Pessimismus und trösten sich damit, daß diese Besserung nur ein letztes Aufflakkern des verlöschenden Feuers der Wirtschaft sei, nachdem es dann endgültig und unvermeindlich in den Abgrund ginge. Mit zunehmendem Anstieg der Kurse werden sie unsicherer und kaufen dann erst zögernd, je höher die Preise steigen aber bald immer hektischer und oft sogar verführt von ihrer Gier auf Kredit, weil jetzt ja "alle" sagen, es gehe richtig bergauf und es könne immer nur noch besser werden.*** Sie sind nun überzeugt, endlich mal das lange Ende der Wurst erwischt zu haben. Natürlich bekommen sie ihre Papiere von den Harten, die jetzt, in einer Zeit der Übertreibung nach oben, wieder antizyklisch handeln

---

*Gerade in Deutschland kennen wir das ja ganz gut.

**Übrigens eine konsequente Interpretation des in der taoistischen Yin/Yang-Monade (siehe Abbildung) seit ältester Zeit überlieferten Prinzips des ewigen Wechselspiels der kosmischen Kräfte. Je stärker eine Energiequalität wird, desto wahrscheinlicher ist es, daß sie ihr Gegenteil hervorbringt.

***Die Rolle der Medien in diesem Prozeß ist interessant. Denn entgegen der landläufigen Meinung machen die Medien nach meiner Erfahrung so gut wie nie Trends, sondern verstärken nur die gerade bestehenden, weil sie das Ohr am Mund des Volkes haben und auf dessen Wünsche und Sehnsüchte, je oberflächlicher, desto erfolgreicher, eingehen. Wer glaubt, in den Medien Wahrheiten zu finden, ist also selber schuld.

und ihre Aktien verkaufen, um die satten Gewinne einzustreichen, die sich mittlerweile angesammelt haben. Fallen die Kurse wieder im Einklang mit dem Gesetz von Yin und Yang, haben die Harten ihre Schäfchen im Trockenen. Die Weichen trösten sich nun erstmal damit, daß der Kurseinbruch nur eine vorübergehende Schwäche sei, nach der nun endgültig der gewaltige versprochene Anstieg käme. Deswegen kaufen sie von ihren Beratern auch gerne immer noch die inzwischen viel zu teuren Wertpapiere, die diese jetzt aus gutem Grund loswerden wollen. Natürlich fallen die Preise weiter und nun müssen viele Weiche zwangsweise Papiere zu schlechten Kursen verkaufen, da ihre Banken die Kredite zurückhaben wollen. Da die als Sicherheit für das geliehene Geld dienenden Wertpapiere bei fallenden Kursen immer weniger Marktwert haben, sorgen sich die Kreditinstitute verständlicherweise und wollen die Situation bereinigen, bevor ihre Schuldner zahlungsunfähig werden. So verlieren viele Weiche ihr Geld und fühlen sich (wieder mal) von der bösen Börse betrogen. Die wenigsten von ihnen suchen die Schuld an dem Desaster da, wo sie tatsächlich ist: in ihren eigenen Schwächen! Doch immer gibt es einige, für die ein solches Erlebnis ein heilsamer Schock war. Sie begeben sich auf den schweren, aber richtigen Weg der Selbsterkenntnis und versuchen, an sich zu arbeiten, um zukünftig Fehler zu vermeiden, anstatt "den anderen" die Schuld an ihren Problemen zu geben oder von ihnen zu erwarten, daß diese für sie nachdenken.

Die taoistische Yin/Yang-Monade

Jeder Harte war einmal ein Weicher

Denk jetzt bitte nicht, Menschen kämen sortiert nach "weich" und "hart" auf die Welt. Jeder Mensch beginnt erst einmal als Weicher. Denn mit dieser Ausgangsverfassung werden wir auf die Welt geschickt, um an unseren Fehlern zu wachsen, zu lernen und - das ist das Wichtigste - eine Möglichkeit zu haben, das Schwache, ewig Unvollkommene in uns und anderen Menschen kennen und lieben zu lernen. Wären wir alle perfekt, hätten wir nie die Chance, diese wichtigste Fähigkeit von allen, die bedingungslose Liebe, zu entwickeln.

Die Angst, die Gier und die Erleuchtung

Jedesmal, wenn wir im Verlauf unseres Lebens mit unseren Ängsten oder unserer Gier, die letztlich nur versucht, möglichst umfassende Sicherheiten zu schaffen und dadurch unsere Ängste niederzuhalten, konfrontiert werden, ergibt sich die Möglichkeit zum Lernen. Denn immer, wenn Du Dein Denken und Handeln von Angst und Gier bestimmen läßt, wirst Du versagen. Um das zu verstehen, ist es notwendig, genau zu erkennen, welche Aufgaben Angst und Gier im menschlichen Leben haben und wo sie besser keinen Einfluß haben sollten. Erleuchtungserfahrungen ergeben sich automatisch, wenn ein Mensch gelernt hat, aus der Liebe und dem Verständnis statt aus Angst und Gier heraus zu leben.

Was ist der Sinn der Angst?

Angst ist grundsätzlich eine sehr wichtige und nützliche Funktion. Sie läßt sich definieren als Automatismus, der ständig alle Wahrnehmungen der Sinne daraufhin kontrolliert, ob sich Anzeichen für Situationen ausmachen lassen, in denen der betreffende Mensch sich schon mal befand und die als belastend, leidvoll und/oder schmerzhaft erlebt worden sind. Wird ein entsprechendes Muster bemerkt, wird je nach dem Grad der vermuteten Gefährdung ein mehr oder minder starkes Gefühl des Unbehagens produziert, das im Extremfall bis zur Panik ansteigen kann, um dem Bewußtsein von der potentiellen Gefahr Mitteilung zu machen und es zu Reaktionen zu veranlassen, die Gefahr zu mindern oder auszuschalten. Die Muster dieser angstverursachenden Erfahrungen sind in dem Unterbewußtsein jedes Menschen ständig verfügbar gespeichert und stellen eine wichtige Möglichkeit dar, bekannte Gefahren und Schwierigkeiten automatisch zu erkennen und ihnen rechtzeitig auszuweichen, um sich das Leben zu erleichtern. Auch die Art und Weise der Reaktion auf eine bestimmte Angst ist unbewußt gesteuert. Ob, wann und wie ein Mensch flüchtet, sich Hilfe verschafft oder sonst irgendwie problemmindernd mit der Situation umgeht, wird auf diese Weise weitgehend am Bewußtsein vorbei geregelt, damit die Reaktionen möglichst schnell vonstatten gehen. Je schneller ein Mensch in Angstsituationen reagiert, desto länger überlebt er normalerweise. Angst ist also ein an sich sinnvoller Überlebensautomatismus.

Die Gefahren der Angstautomatik

Der Haken an der ganzen, an sich vernünftigen Sache ist, daß Angsterkennungs- und Reaktionsmuster immer in der Vergangenheit gebildet werden. Dementsprechend berücksichtigen sie die Fähigkeiten und Unzulänglichkeiten zu mehr oder minder weit in der Vergangenheit liegenden Zeitpunkten. Im Extrem werden die Möglichkeiten eines kleinen Kindes zugrunde gelegt! Diesen Fall möchte ich näher beleuchten, um Dir einen Eindruck von den Auswirkungen einer solchen Prägung zu geben. Wächst ein so geprägtes Kind heran und schafft sich keine Methoden, die Angstmuster immer wieder auf seine wachsenden Möglichkeiten und seine veränderte Situation abzustimmen, werden die sinnvollen Automatismen im Laufe der Zeit immer unsinniger, bis sie komplett überholt sind und den an sich erwachsenen Menschen durch ihr Eingreifen in vielen Situationen auf die Fähigkeiten eines Kleinkindes reduzieren. Ich möchte Dir ein häufig vorkommendes kleinkindliches Angsterkennungs- und Reaktionsmuster näher beschreiben und es dem entsprechenden der Erwachsenenrealität gegenüberstellen, um diesen Sachverhalt besser erkennbar zu machen.

Ein Mensch wird mit einer Situation konfrontiert, die er aufgrund mangelnder Erfahrung und geringen Wissens nicht einschätzen kann, und die deshalb von seiner Angsterkennungsautomatik als bedrohlich eingestuft wird.

Das Kleinkind reagiert folgendermaßen: wegrennen und sich verstecken (Verweigerungshaltung) oder zu Vater oder Mutter (im Falle des "kindlichen" Erwachsenen zu einer dem Bild des inneren Vaters oder der inneren Mutter entsprechenden Autoritätsperson) flüchten und bei ihnen Schutz suchen und darauf vertrauen, daß sie mit ihren, dem Kind als unglaublich groß scheinenden Möglichkeiten, die Schwierigkeiten an seiner Stelle bewältigen werden.

Der Erwachsene reagiert so: durch genaue Beobachtung und kontrolliertes, seinen ihm bekannten Möglichkeiten entsprechendes Einlassen auf die unbekannten Gegebenheiten weitere Informationen sammeln, sowie sich mit Menschen, die in einer ähnlichen Situation sind oder waren, beraten, Meinungen und Ideen austauschen und Informationen aus anderen Quellen einholen. Dabei werden alle neuen Informationen daraufhin überprüft, ob sie nachvollziehbar und vernünftig erscheinen. Das auch nach sorgfältiger Nachprüfung nicht in Frage zu stellende Wissen wird übernommen und in der Praxis ausprobiert, um festzustellen, ob es mit den zur Verfügung stehenden Möglichkeiten sinnvoll anwendbar ist. So baut ein erwachsener, eigenverantwortlich handelnder Mensch (ich könnte auch im Börsenjargon sagen: ein Harter) Schritt für Schritt im kontrollierten Austausch mit der Umwelt seine Möglichkeiten aus, bis sie zur Beurteilung und Bewältigung der Problemsituation ausreichend sind. Durch den intensiven Prozeß der Beschäftigung mit der neuen Situation werden auch die Angsterkennungs- und Reaktionsmuster aktualisiert. Sie haben Zeit mitzuwachsen und werden durch den bewußten Umgang mit der Situation für Veränderungen geöffnet.

In dem ersten Fall wurde die Verantwortung für das eigene Wohlbefinden einem anderen übergeben, ohne die Chance zum Lernen und Wachsen zu nutzen. In dem zweiten Fall wurde jede Entwicklungsmöglichkeit wahrgenommen und gleichzeitig die eigene Sicherheit bewahrt. Jeder von uns beginnt seinen Lebensweg zwangsläufig mit dem ersten Muster, aber ist es nicht viel befriedigender und nützlicher, als Erwachsener dem zweiten zu folgen? Laß uns jetzt die Gier näher betrachten, dann fällt es Dir sicher noch leichter, zu wählen.

Was ist der Sinn der Gier?

Gier läßt sich definieren als maßloses und unüberlegtes Zugreifen und Ausbeuten einer als Gelegenheit zur Bedürfnisbefriedigung eingeschätzten Situation. Die starke Schädigung unserer Umwelt durch die Ausbeutung ihrer Resourcen ist zum Beispiel ein Ergebnis gierigen Verhaltens. Wie kommt dieses Verhalten nun zustande?

Gier ist übersteigertes Verlangen. Ein Verlangen, dem man aufgrund seiner Intensität beinahe schutzlos ausgeliefert ist. Immer, wenn Menschen lange Zeit keine Gelegenheiten haben, ihre grundlegenden Bedürfnisse nach Geborgenheit, Liebe, Selbstbestätigung, Beziehung, Zuwendung und Lust ausreichend zu befriedigen, werden starke Angsterkennungs- und Reaktionsmuster (siehe oben) angesprochen, denn die Erfüllung dieser Bedürfnisse ist langfristig gesehen unbedingt notwendig für die geistige, seelische und körperliche Gesundheit eines Menschen. Diese Muster lösen ein immer stärkeres Verlangen zur Bedürfnisbefriedigung aus, das im Laufe der Zeit immer undifferenzierter wird. Als Beispiel: Jemand bekommt von seinem Partner nicht genug Streicheleinheiten. Zuerst wird er sich bemühen, auf irgendeine Weise doch noch an die Zuwendung des Gefährten zu kommen, indem er lockt, streitet oder zu erpressen versucht. Klappt das nicht, wird er vielleicht bei anderen geeignet erscheinenden Partnern sein Glück versuchen. Ist auch dieser Versuch erfolglos, werden die Auswahlkriterien für potentielle Partner immer weiter gefaßt. Reicht auch dies nicht oder ist es für den betreffenden Menschen nicht akzeptabel, wird das Bedürfnis häufig in andere Bereiche verlagert, und er sucht in einer Sucht die Erfüllung seiner Sehnsüchte.* Je nach persönlichen Vorlieben und Vorurteilen werden Alkohol, Essen, Rauchen, Arbeit, Kaufen irgendwelcher Dinge, die mit der Erfüllung der Sehnsüchte in Zusammenhang gebracht werden, die Jagd nach Geld und Besitz oder die intensive Beschäftigung mit Hobbies aller Art verwendet, um das Defizit zu mindern. Natürlich sind dies alles nur ungenügende Ersatzbefriedigungen, durch die der eigentliche Hunger nur kurzfristig schwächer wird, um bald darauf wieder um so stärker zu werden. In der nebenstehenden Grafik kannst Du Dir diese Zusammenhänge noch einmal bildhaft klarmachen. Gerade diese unvollständige Sättigung bringt den Teufelskreis der Gier hervor. Gleich nachdem eine Ersatzbefriedigung wahrgenommen wurde, ist eine gewisse Zufriedenheit spürbar, die aber rasch wieder vergeht, weil der Reiz nur oberflächliche Anteile der tiefen Sehnsüchte abdeckte. Die einfachste Art, das gewünschte Gefühl wieder zu spüren, ist, sich die Ersatzbefriedigung noch einmal zu verschaffen. Und schon jagt ein an sich vernünftiger Mensch hinter Geld, Zigaretten, Sex, Arbeit oder Besitz her, als ob sein Leben davon abhinge. Nun ja - genau genommen ist das auch so. Denn immerhin werden seine lebensnotwendigen Bedürfnisse so wenigstens ein bißchen befriedigt. Und da er lange schon, um den Schmerz der Verweigerung nicht mehr zu empfinden, vergessen oder verdrängt hat, daß es auch bessere Möglichkeiten gibt, zu bekommen, was er braucht, hält er an dem Teufelskreis krampfhaft fest. Bis er vor Entkräftung krank wird oder so vom Schicksal (zum Beispiel: Geldverlust an der Börse) gebeutelt wird, daß er versucht, sein Leben in andere, gesündere Bahnen zu lenken.

*Dieses Wortspiel soll auf die Bedeutung unerfüllter Grundbedürfnisse für die Entstehung von Süchten aller Art hinweisen.

Wie aus unerfüllten Grundbedürfnissen die Gier nach Ersatzbefriedigungen entsteht

Ebene, auf der die Grundbedürfnisse am unnatürlichsten und am wenigsten nachhaltig befriedigt werden können, da sowohl Ziel als auch Umfeld nicht mehr dem eigentlichen Verlangen entsprechen.

Verlagerung der Sehnsucht nach Bedürfniserfüllung auf andere, verhältnismäßig leicht erreichbare Ziele, die mit dem eigentlichen Ziel in Zusammenhang gebracht werden.

Konzentration auf Bedürfniserfüllung, wobei die Art des Umfeldes zunehmend unwichtiger wird.
(Umfeldverlagerung)

Suche nach einem günstigeren Umfeld mit abnehmender Ausrichtung an gewohntem Umfeld.
(Umfeldverlagerung)

Suche nach einem günstigeren Umfeld zur Bedürfniserfüllung. Starke Ausrichtung an gewohntem Umfeld.
(Umfeldverlagerung)

Kampf um Bedürfniserfüllung im gewohnten Umfeld.
(Erkennen des Defizits)

Ebene, auf der die Grundbedürfnisse am natürlichsten und nachhaltigsten befriedigt werden können.

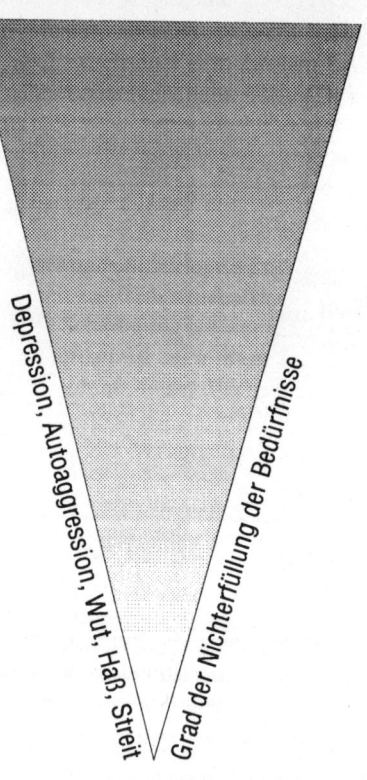

Depression, Autoaggression, Wut, Haß, Streit

Grad der Nichterfüllung der Bedürfnisse

Emotionale Grundbedürfnisse:
Lust, Selbstbestätigung, Zuwendung, Beziehung, Liebe

Überlebensmechanismus Angst

Zusammengefaßt ist Angst also ein wichtiger Überlebensmechanismus, der solange sinnvoll funktioniert, wie jemand sich bewußt und eigenverantwortlich mit den Anforderungen des Lebens beschäftigt. Unbewußter Umgang mit Problemen und die Verlagerung der direkten Bewältigung von Schwierigkeiten auf andere* geben den Angstautomatismen keine ausreichenden Gelegenheiten, sich auf eine Erweiterung der persönlichen Fähigkeiten oder Veränderungen des Umfeldes einzustellen. Daraus entsteht eine permanente Angstsituation, denn die Abhängigkeit von anderen zur Lebenserhaltung und Bedürfnisbefriedigung wird zumindest unterbewußt wahrgenommen und damit gleichzeitig das Selbstvertrauen ständig abgebaut. So motiviert, liegt die Versuchung nahe, andere unterschwellig zu manipulieren, damit sie immer erreichbar und zu Diensten sind, wenn sie zur Erfüllung der eigenen Wünsche gebraucht werden und gleichzeitig möglichst viele einfache Gelegenheiten zur Bedürfnisbefriedigung (Essen, Trinken, Rauchen, Arbeiten, Börsenspekulationen etc.) wahrzunehmen. Daraus entsteht die Gier, denn ständig muß ja neue Befriedigung gesucht werden, die letztlich nur kurzfristige Erfüllung gibt, da sie die wirklichen Ziele der Sehnsüchte nicht erreicht. Da diese Surrogate meist nicht schnell genug, in ausreichendem Umfang und zu jeder gewünschten Zeit bereit stehen, wächst der Wunsch, "Vorräte" anzusammeln, um nicht in die schmerzliche Situation zu kommen, seine Bedürfnisse noch nicht einmal mehr auf diese Weise befriedigen zu können. Ein ständiger Streß, der, je länger er anhält, immer mehr Zeit und Energie bindet. Fragst Du einen dieser verzweifelt Strampelnden, warum er nicht seine angehäuften Werte verwendet, um es sich eine Weile gut gehen zu lassen, wirst Du meist zu hören bekommen, daß er

---

*Viele Eltern begünstigen dieses Verhalten, indem sie versuchen, ihren Kindern möglichst viel an Verantwortung abzunehmen. Das prägt natürlich dieses Muster tief in den Charakter ein und führt dazu, daß auch der erwachsene Mensch immer noch auf die Abgabe von Verantwortung eingestellt ist.

dann bald gar nichts mehr haben und in der Gosse landen würde. Denn tief in ihm brodelt die Urangst, schutz- und hilflos einer feindlichen Umwelt ausgeliefert zu sein.

Tja, dieses komplexe Muster bildet die Grundlage für die Verhaltensweisen der oben angesprochenen Weichen. Nun findet sich diese Art des ständigen, verbissenen Kämpfens um ein bißchen Lebensglück auch in der Esoterikszene. Vielleicht kommt Dir vieles davon bekannt vor.

Das Rennen nach Erleuchtung

Erleuchtung - das ist es! Viele Menschen suchen sie und tun beinahe alles dafür, oder jedenfalls für die, von denen sie meinen, daß sie sie ihnen verschaffen könnten. Getreu dem oben geschilderten Muster wird der "richtige" Guru, die "richtige" Übung, das "richtige" Buch, die "letzte" befreiende Erkenntnis gesucht. Und kaum jemand findet im Irrgarten der vielen Seminare, Lehrer und Wege wirklich, wonach er sich zutiefst sehnt. Und das liegt absolut nicht daran, daß die Lehrer, Bücher und Wege keine sinnvollen Botschaften zu bieten hätten! Das Problem ist nur, daß der Bote meist für wichtiger als die Botschaft gehalten wird. Gibt es eine tolle Energieerfahrung, eine spontane Heilung oder die Wahrnehmung der Gegenwart Gottes in der Nähe eines Lehrers, suchen viele als Reaktion darauf weiterhin den Kontakt zu dem Vermittler der Erfahrung, anstatt die Erfahrung selbst. Im Handumdrehen ist ein Podest gebaut und der auserkorene Guru darauf plaziert, ob er will oder nicht. Anstatt der Frage nachzugehen, was sich tun ließe, um selber diese Erfahrung hervorrufen zu können, wird dem Vermittler der Wahrnehmung diese Aufgabe zugeschoben. Viele kleine Kinder im Erwachsenenkostüm tanzen dann um ihn herum und lassen ihn hochleben. Jedenfalls solange er die von ihnen gewünschten Eigenschaften elterlicher Allmacht zeigt. Wird er allzu menschlich, erlischt ihr Interesse an ihm oder wandelt sich in Ablehnung, denn der böse Mensch hat sie ja enttäuscht und nicht gehalten, was sie sich von ihm versprochen haben! Er war doch nicht allmächtig und damit wird er als Lehrer unakzeptabel. Also auf zum nächsten! Vielleicht läßt der sich besser auf das "Du sollst mein/e große/r Mutter/Vater sein!" - Spiel ein. Sehr bissig, findest Du? Zugegeben, doch mir liegt daran, die Verhältnisse unmißverständlich zu beschreiben.

Viele Wege zum selben Ziel

Esoteriker suchen nach Erleuchtung. Börsenspekulanten nach Reichtum. Beides ist niemals wirklich durch einen anderen zu erreichen, der den ihnen bestimmten Weg für sie geht, sondern nur durch eigene Leistung und Erfahrung. Beide suchen letztlich die absolute Sicherheit, die Garantie für Glück und Erfolg. Doch im außen wird niemand diese Sicherheit je finden. Keiner kann einem anderen das Risiko des Lebens abnehmen.

Börse und Esoterik-Szene: Gurus hier und Gurus da

In beiden Bereichen, an der Börse und in der Esoterikszene, gibt es Lehrer unterschiedlichster Art. Sie sind um so besser und seriöser, wie sie zu ihrer Fehlbarkeit und Verletzlichkeit, ihrer Menschlichkeit stehen. Nur durch diese können sie Erfahrungen mit ihren Fehlern machen und daraus vieles lernen, um sich weiter zu entwickeln. Dadurch können sie vor allem sich selbst und andere gerade wegen ihrer Schwächen lieben und diese in ihr Denken und Handeln miteinbeziehen. Für den spirituellen Bereich leuchtet Dir das wahrscheinlich ein - doch warum soll das auch für die Börse gelten? Ganz einfach, die größten Hindernisse auf dem Weg zum langfristig erfolgreichen Börsenspekulanten sind Angst, Gier und fehlendes Bewußtsein. Nur wer mit seinen eigenen Gefühlen, ohne sie zu unterdrücken, aber auch ohne ihnen ausgeliefert zu sein und den Überblick zu verlieren, umgehen kann, trifft sinnvolle Entscheidungen. Nur wer mit gesundem

Menschenverstand spekuliert, behält auf die Dauer sein Geld und hat gute Chancen, es zu mehren. Der bewußte Umgang mit Erfahrungen im Hier und Jetzt ist die unabdingbare Voraussetzung für die Wahrnehmung von Veränderungen in der wirtschaftlichen und politischen Situation. Wer zu sehr auf das Morgen und Übermorgen oder auf Gestern und Vorgestern fixiert ist, übersieht die Chancen, die er nur heute nutzen kann. "Bewußtsein, ihr Mönche, ist alles!". Diese Zen-Weisheit gilt nicht nur für den Weg zur Erleuchtung, sondern auch für den harten Alltag eines Börsenspekulanten. Börsengurus, die auch über sich selbst lachen können und sich und ihre Thesen nicht zu ernst nehmen, haben genug Abstand, um sich auf die ständig ändernden Situationen in den Märkten einlassen zu können. Weil sie sich kennen, ihre Stärken und Schwächen wahrnehmen und mit in ihre Überlegungen einbeziehen, sind sie erfolgreich. Nur wer sich selbst erkennt, erkennt Gott! An ihrem lebendigen Beispiel und ihren verarbeiteten Erfahrungen können die Schüler, gleich welchen Weges, sich orientieren, um auf dem Weg zum Licht/Erfolg zu bleiben und nicht in schwierigem Gelände ins Straucheln zu geraten. Gehen muß aber jeder allein. Immer! Hast Du das wirklich verstanden und akzeptiert, bist Du schon dicht dran - am Reichtum oder an der Erleuchtung. Je nachdem, was Du willst. Doch bist Du diesen Weg wirklich gegangen und dabei ein "Harter" geworden, wirst Du am Ziel erkennen, daß sich dort die Erfüllung *aller* wirklichen Wünsche einstellt. So verschieden das Leben auch ist, entdeckst Du seine esoterische, das heißt verborgene Seite, wird alles, was Du tust, spirituell, also mit göttlichem Geist erfüllt sein. Und mehr gibt es nicht zu erreichen auf dieser Welt. Wenn Du dort bist, wirst Du auch nicht mehr wollen.

Der Milchmädchenmarkt und die Schmalspuresoterik

Zurück zur Börse: Wenn die Kurse längere Zeit steigen, fassen immer mehr Weiche Mut und investieren in Wertpapiere aller Art. Schnell versehen sie sich dabei mit einer Art Pseudowissen über die Wirtschaft und die Finanzmärkte. Sie kennen dann die verbreitetsten Vorurteile und Phrasen in diesem, sie so faszinierenden Genre auswendig und geben diese Plattheiten gerne, oft und ohne im Grunde irgendetwas von dem, was sie sagen, wirklich zu verstehen, in Unterhaltungen mit Gleichgesinnten zum besten. Auf Börsenneulinge wirkt so ein halbgebildeter Weicher wie ein Halbgott: "Wen und was er alles kennt! Und vieles von dem, was er so locker erzählt, stand ja auch in der Zeitung! Das muß ein Wissender sein!"

So kommt es, daß auch Leute, die im Grunde herzlich wenig Ahnung von der Börsen- und Wirtschaftswelt haben, sich plötzlich als kompetente Fachleute fühlen und von Leuten, die noch weniger Ahnung haben, aber von deren großtuerischem Gehabe beeindruckt sind, als solche behandelt werden. Im schnodderigen Börsenslang wird diese Konstellation der Publikumspsychologie als "Milchmädchenmarkt" bezeichnet.

Als dieser Begriff geprägt wurde, war man der Ansicht, daß Milchmädchen wohl am wenigsten von der Börse verständen, da ihr täglicher Erfahrungsbereich ziehmlich weit von der Welt der Finanzen entfernt angesiedelt war. Wenn die allgemeine Euphorie über steigende Kurse selbst diese Menschen dazu veranlaßte, sich Aktien zu kaufen oder ein paar Börsenphrasen aufzuschnappen, um mitreden zu können, war es höchste Zeit für die Harten, auszusteigen. Denn ein unverständiges Anlegerpublikum treibt nun mal die Kurse in Richtungen, die nicht einschätzbar sind, da sie keiner Logik folgen.

Die Motivation zum Kaufen oder Verkaufen liefern in erster Linie Gefühle wie Angst und Gier (s. o.), und letztlich wird sich immer die Angst durchsetzen. Das bedeutet Panikverkäufe, die eine starke Baisse* hervorrufen. In so einem "Milchmädchen-markt" bilden sich dann schnell Fanclubs in kleinem und großem Rahmen. Manche pseudokompetente Weiche haben ein recht ausgeprägtes Werbetalent und können sich gut verkaufen. Sie halten dann Seminare ab, schreiben Bücher, geben Börsenbriefe heraus und gründen Finanzberatungsfirmen. Manchmal dauert eine Hausse** einige Jahre, und in dieser Zeit kann ihr Geschäft gut laufen. Viele von diesen Leuten glauben wirklich, was sie ihren Kunden erzählen und sind dann, wenn eine Baisse kommt, total perplex und verstehen die Welt nicht mehr.

In der Esoterik-Szene sieht es gar nicht so selten ähnlich aus. Überall, wo sich Menschen mit Selbstfindung und spirituellen Wegen befassen, triffst Du Leute, die sich sehr ernst, heilig und wichtig geben und ständig nur über Seminare, Bücher, geistige Lehrer, Channeln, Reinkarnation, Meditation und überhaupt alles, was gerade in der Szene so Mode ist, reden. Phrasen, wie "Das ist karmisch!", "Also ich fühle mich Dir so nah, und irgendwie spüre ich, daß wir in einem früheren Leben eine enge Beziehung hatten!", werden in immer neuen Variationen dargeboten und als Anzeichen "hoher Spiritualität" gewertet. Die Oberflächlichkeit feiert Triumph um Triumph, denn kaum einer der Beteiligten denkt tatsächlich über das, was da erzählt wird, gründlich nach oder spürt sich hinein. Ich nenne diese Erscheinungsform der Selbstfindungsszene "Schmalspuresoterik". Wie im "Milchmäd-chenmarkt" der Börse werden die sich so verhaltenden Menschen im wesentlichen von ihren Ängsten und ihrer Gier getrieben. Deswegen werden sie auch von Themen wie "Unsterblichkeit für alle durch ein paar einfache Körperübungen/Ernährungsrichtli-nien", "Reichtum durch Positives Denken", "Immer das Richtige tun durch die gechannelten Ratschläge der Hohen geistigen Wesenheiten" oder "Wie beeinflusse ich andere, damit sie tun,

---

*Baisse (ausgesprochen "Bääß"): Börsenjargon für eine Zeit, in der die Kurse auf breiter Front fallen.
**Hausse (ausgesprochen "Hooß"): Börsenjargon für eine Zeit, in der die Kurse auf breiter Front steigen.

was ich will" und "Wie rette ich mich vor dem drohenden Weltuntergang" geradezu magisch angezogen. Magie ist dabei der Sammelbegriff für diesen Themenbereich. In den letzten Jahren erlebte die Beschäftigung mit esoterischem Wissen einen ungeheuren Boom in der westlichen Welt. Viele "alte Hüte" wurden anders eingefärbt und mit neuen Namen versehen. Sich mit Magie zu befassen ist unter den meisten Menschen, die sich praktisch mit esoterischen Übungen und Theorien beschäftigen, verpönt. Das klingt nach Teufel und Bösem, und wir wollen ja alle in Liebe und Licht leben. Doch das ist wirklich nur die Oberfläche, denn all die Themen, mit denen sich Magier aller Richtungen seit Urzeiten auseinandersetzen, sind nun einmal, und das ist historisch einwandfrei belegbar: Unsterblichkeit, Reichtum, Kommunikation mit Geistwesen zur Erlangung von wichtigen Informationen, Beeinflussung anderer Menschen nach den eigenen Vorstellungen und der Schutz vor drohenden Katastrophen. Alles interessantes Wissen für Leute, die höllische Angst vor Altern, Tod und Hilflosigkeit haben; sich davor fürchten, nicht genug zur Erfüllung ihrer Bedürfnisse zu bekommen; sich selbst nicht zutrauen, richtige Entscheidungen zu treffen; andere lieber unterschwellig manipulieren wollen, weil sie nicht wagen, zu sagen, was sie wollen, und sich auf einer gleichberechtigten Ebene mit anderen Menschen auseinanderzusetzen. Wie bei anderen Waren auch, ist das Etikett nicht unbedingt eine Beschreibung des tatsächlichen Inhalts. Wo Liebe, Gott und Licht darauf steht, ist möglicherweise nur billige Tünche zum Verdekken von Ängsten darin. Gegen Magie ist prinzipiell nichts einzuwenden, solange verantwortungsbewußt, und damit ehrlich, mit diesem Werkzeugkasten umgegangen wird. Redet man sich aber ein, es wäre ein Akt der Liebe, wenn ich, unterstützt von einer Atemmethode, zu den Engeln oder Jesus bete, damit sie mir einen freien Parkplatz oder Geld für den Urlaub verschaffen, wird das Ganze sehr fraglich. Kriegst Du das was Du so auf magischem

Wege angefordert hast,* muß es ja irgend jemand abgeben. Bekommt er dafür von dem Nehmenden keinen fairen Ausgleich, entsteht eine karmische Schuld, eine im kosmischen Sinne nicht harmonisch abgeschlossene Beziehung. Je mehr auf diese Art zusammengerafft wird, desto stärker wird der energetische Druck, der versucht, einen Ausgleich herzustellen. Nach dem Motto: "Und bist Du nicht willig, so brauch ich Gewalt!", wird dann irgendwann die Schuld zwangsweise eingetrieben, da sonst das Universum in seiner Struktur Schaden nähme. Doch genug jetzt mit dem "Wort zum Sonntag".

Immerhin gibt es auch eine Menge Leute, die sich bemühen wach und eigenverantwortlich mit ihrer spirituellen Entwicklung umzugehen. Und Du und ich, wir gehören natürlich zu den Bewußtesten!

Synthese - Mach Deine Fehler zum Motor Deines Erfolges

Glaubst Du das wirklich? Ich für meinen Teil verhalte mich immer noch oft wie ein Weicher und habe zum Beispiel Tagträume von ewiger Jugend, wenn ich die "Neun Nepalesen", oder wie dieses Buch mit den unsterblich machenden Körperübungen aus einem Gebiet im Himalaya auch immer heißt, lese. Und eigentlich müßte ich es besser wissen, wenn ich im Gespräch mit Freunden Nostradamus katastrophale Ansichten über das Ende des Jahrtausends zitiere. Vielleicht geht es Dir auch mal so - Hand auf's Herz. Ist das schlimm? Also ich kann damit ganz gut leben. Denn diese Seite ist ein unauslöschlicher Teil von mir, wie sie zu jedem Menschen gehört. In diesem Kapitel habe ich die beiden verschiedenen Verhaltensweisen von Harten und Weichen mitunter sehr drastisch dargestellt, damit klar wird, worum es geht. In der Praxis gibt es aber keine saubere Trennung von Schwarz und

---

*Die Verwendung heiliger Namen bedeutet nicht, daß keine Magie betrieben wird. Magie bedeutet in der Essenz, daß sich jemand unwiderstehliche Machtmittel verschaffen möchte.

Weiß, Gut und Böse, naiv und verständig. Es dominieren Grauverläufe! Jeder Mensch hat den Harten und den Weichen in sich. Das ist auch gut so, denn es hält uns wach und lernbereit. Denn was auch immer Du gelernt hast, wie weit Du auch gekommen bist - Fehler wirst Du wegen des Weichen in Dir immer machen - und dann daraus weiter lernen können! Dafür sind sie da und Gott-sei-Dank so unauslöschlich wie Deine Talente. Beide zusammen erhalten die natürliche Harmonie in Dir aufrecht. Stärken und Schwächen sind Yang und Yin. Lerne aus Deinen Schwächen, um Deine Stärken weiter auszubilden. Lerne mit Deinen Schwächen zu leben und den Weichen in Dir liebevoll anzunehmen. Lerne über Dich selbst zu lachen und erfahre, wie reich und erleuchtet es Dich macht, Erleuchtung und Reichtum nicht so ernst zu nehmen. Du bekommst das, wonach Du strebst, erst, wenn Du es losläßt! Paradox? Vielleicht, aber wahr. Solange Du etwas willst, bist Du angespannt und konzentriert. Erleuchtung, Göttlichkeit stellt sich aber nur ein, wenn Du nicht mehr Dein Wollen in den Vordergrund stellst, sondern das, was Gott als Essenz ist: bedingungslose Liebe.

Mit dem Reichtum ist es übrigens dasselbe. Ist der reich, der rund um die Uhr für DM 1.000.000 im Monat schuftet oder der, der sich mit DM 1.000 im Monat alle Lern- und Glückserfahrungen verschafft, die er braucht, um sich wohl zu fühlen, zu wachsen und gesund zu sein. Denk mal darüber nach... .

Um Mißverständnisse auszuräumen ...

Falls Du jetzt meinst, viel Geld zu verdienen wäre ein Hindernis auf dem Weg zu Dir, lies die ersten drei Kapitel dieses Buches, die Du wohl überschlagen hast, weil Du lieber gleich wissen wolltest, wie Du die große Kohle an der Börse scheffeln kannst. Weder viel Geld noch wenig Geld sind der Schlüssel zu Glück und einem erfüllten Leben. Es kommt immer darauf an, was Du daraus machst...*

---

*Frei zitiert nach einer häufig auf Lkw's zu lesenden Reklame für Beton

Die universalen Gesetze des Erfolges für Börse und spirituelle Entwicklung

Zum Schluß dieses Kapitels möchte ich Dir noch eine Reihe bewährter Regeln für Deinen Alltag mitgeben. Sie stammen aus meiner Beschäftigung mit der Welt des Geldverdienens und haben sich als wunderbare Hilfen auf dem Weg zur Selbstfindung erwiesen. Probier sie aus.

Das Gesetz von Yin und Yang

Jede übertriebene Bestrebung in eine Richtung bringt automatisch eine entgegengesetzte Bestrebung hervor. Das ist das ewige Wechselspiel der Lebenskräfte. Laß Dich darauf ein und nutze das Wissen darum, dann geht es Dir gut.

Das Gesetz der Eigenverantwortung

Frage nicht danach, wer Deine Probleme für Dich lösen kann, sondern danach, wie Du Dir die Kenntnisse und Fähigkeiten verschaffen kannst, dies selbst zu tun.

Das Gesetz der Liebe

Wenn Du Dich darum bemühst, zum Besten aller Beteiligten zu handeln, Dich dabei so gut Du kannst für die Führung Gottes öffnest und auf die Durchsetzung Deines Willens - nicht auf die Befriedigung Deiner Bedürfnisse! - verzichtest, wird Dein Leben niemals arm sein, und Du wirst immer bekommen, was Du wirklich brauchst, damit es Dir gut geht.

Das Gesetz der Kraft der Selbsterkenntnis

Die Ängste, die Gier und die Talente, die Du in Dir wahrnehmen und lieben kannst, kannst Du auch bei anderen wahrnehmen und lieben. Alles was Du wahrnehmen und lieben kannst, ist Dein treuer Freund und Helfer bei der Bewältigung Deiner Lebensprobleme. Was Du nicht erkennen und lieben willst, stellt sich Dir immer wieder in den Weg. Und Du kannst nicht davor weglaufen, denn das Hindernis ist ein Teil Deines Selbst.

Das Gesetz der vorurteilsfreien Erkenntnis

Bemühst Du Dich darum, Dich und die Welt von Grund auf und vorurteilslos zu verstehen, wirst Du immer Helfer dabei haben, die Dir schenken, was Du nicht selber erarbeiten kannst. Das so gewonnene Wissen verläßt Dich nie und ermöglicht es Dir, leichter auf Deinem Weg voranzukommen, Erfolg zu haben und anderen wichtige Hilfen für ihren Selbstfindungsprozeß zu geben. Suchst Du ein vorgefertigtes Verständnisschema, das Du einfach übernehmen zu können glaubst, gehst Du an Deiner Einzigartigkeit vorbei und läßt Deine Talente verkümmern. Nachhaltiger Erfolg und Glück werden sich nicht einstellen, da diese bedingt sind durch Dein Streben nach eigener Erkenntnis. Benutze stattdessen die Erkenntnisse anderer als Anregungen für Dein eigenes Wachstum.

Das Gesetz des fairen Austausches

Mach Dir klar, daß *nichts* wirklich ohne eine entsprechende Gegenleistung zu Dir kommt. Das ist nicht schlimm, denn auf diese Weise kannst Du an den Schätzen der Welt teilhaben und diese wiederum an Deinen einzigartigen Fähigkeiten. Jeder wird durch einen fairen und bewußten Austausch reicher! Der einzige Haken liegt darin, daß Du die Gegenleistung wahrnehmen und akzeptieren mußt. Hast Du feste Vorstellungen von dem, was Du willst, wirst Du die Gunst der Stunde übersehen und den Reichtum, der beinahe schon auf Deinen Händen lag, achtlos wegwerfen. Und deswegen natürlich arm bleiben und über die böse Welt jammern, die Dir nichts ohne ständigen Kampf schenkt. Wie soll sie auch, wenn Du meist nach etwas greifst, was für andere gedacht ist, anstatt Deine eigenen Geschenke anzunehmen. Versuchst Du immer mehr zu bekommen, als zu geben, wirst Du viel erhalten, was Du nicht brauchen kannst, weil Deine Aufmerksamkeit im Grunde bei der Quantität und nicht bei der Qualität liegt. Für diese reichliche Zuwendung wirst Du oft da, wo Du es am wenigsten erwartest und haben willst, zur Kasse gebeten werden. Denn das Universum läßt sich nicht betrügen. Es schließt alle Konten ausgeglichen ab.

Das Gesetz der rechten Zeit

Es gibt für alles, was Du tust, eine richtige Zeit. Dieser Zeitplan liegt in Dir. Nur Du kannst ihn sehen und wirklich verstehen. Bemühst Du Dich darum, diesen Plan zu nutzen und alles zu seiner Zeit zu tun, wirst Du Erfolg haben. Die Gunst des rechten Augenblicks wird an dir vorbeiziehen, wenn Du dieses Gesetz nicht akzeptierst. Versuche zu spüren, was das Universum will, das Du jetzt tun solltest, und sammle in kleinen Dingen Erfahrungen damit, bis Du Dich sicher genug für die großen fühlst. Du kannst erkennen, ob Du das rechte zur rechten Zeit tust, wenn Du Dich wohl bei Deiner Tätigkeit fühlst, Erfolg dabei hast, unerwartete Unterstützung findest und mehr Talent beweist, als Du je geglaubt hast, zu besitzen. So fühlt es sich an, wenn Du mit dem Strom des Lebens schwimmst! Die Arbeit trägt beinahe mühelos reiche Früchte und die Erholung gibt Dir Wohlgefühl, tiefe Entspannung und neue Kraft.

Das Gesetz des antizyklischen Verhaltens

Nach dem oben genannten Gesetz von Yin und Yang ergibt sich aus jeder Übertreibung eine neue entgegengesetzte Bewegung. Das heißt, daß das Universum alle Kräfte sammelt und nutzt, um nach dem Ende eines Zyklus einen neuen in Bewegung zu setzen. Hilfst Du ihm dabei, indem Du Deine Kräfte auf den Ausgleich der Extreme konzentrierst, wird das Universum Dich mehr als reichlich für Deine Dienste entlohnen. Denn Du förderst mit Deinem Einsatz den Fluß des Lebens. Wenn Du dieses Gesetz verstehst, verstehst Du, was der Sinn nachhaltigen und ganzheitlichen Erfolges vom kosmischen Standpunkt aus ist. Gott hat nur die Hände der Menschen, die mit ihm gleichberechtigt zusammenarbeiten wollen, um seine Werke auf dieser Erde zu tun. Es steht Dir frei, Dich für ihn zu entscheiden und im Licht zu leben. Willst Du?

8. Kapitel

Selbstverwirklichung - die Garantie für ein reiches Leben

Willst Du wissen, wie Du erfolgreich und glücklich zugleich werden kannst? Es ist wirklich einfach...

Gestalte Dein Leben wie ein Kunstwerk

Was ich damit meine? Jeder Mensch ist einzigartig. Jeder hat andere, wunderbare Talente, deren Entfaltung ein Segen für alle darstellt. Mach Dir bewußt, daß dies auch für Dich gilt. Egal, wer Du bist, woher Du kommst, welche Ausbildung Du hast, wie alt Du bist, wie Du aussiehst - Du hast die Möglichkeit mit in die Wiege gelegt bekommen, wunderbare Dinge zu schaffen, die niemand anders vollbringen kann. Du kannst Dein Leben zu einem Kunstwerk ausgestalten, wenn Du das lebst, was Du bist. Wenn Du Dir das gestattest, mußt Du Dich endlich nicht mehr verstellen. Viel Kraft wird Dir zufließen, die sonst in Deinen verschiedenen Masken gebunden war, mit denen Du Dir und Deinen Mitmenschen vorgeschwindelt hast, Du wärst jemand anders. Einer, der so ist, wie Du geglaubt hast, daß die anderen ihn mögen. Hör *jetzt* auf damit und pack die Geschenke aus, die schon so lange ungenutzt und mißachtet in Dir schlummern.

Du bist toll und wir alle brauchen Deine Fähigkeiten!

Du meinst, für andere mag das ja wohl stimmen, aber es gebe da wohl auch Ausnahmen. Zum Beispiel Dich! Komm schon, gib Dir und mir die Chance, eine neue Sichtweise zu entwickeln. Einverstanden?!

Die Steine der Normalität vom Herzen schubsen

Was Dir zur Zeit auf der Straße zu Erfolg und Glück durch Selbstverwirklichung im Wege liegt, sind die Steine der Normalität auf Deinem Herzen. Schmeiß sie endlich runter! Du bist der einzige, der sie festhält und am Herunterfallen hindert. Wie das geht? Dein Herz, besser Dein Herzchakra* ist die Quelle Deiner Liebesfähigkeit und damit auch Deiner Fähigkeit, Dich selbst anzunehmen, wie Du bist. Im Laufe Deines Lebens haben sich viele liebesfeindliche Denkmuster von Eltern, Lehrern, Verwandten, Freunden und anderen Vorbildern, die es auch nicht besser wußten, über Dein Herzzentrum gelegt und die Quelle Deiner Liebesenergie so eingedämmt, daß Du irgendwann nach dem Tausendsten "Sei so und so!", "Tu dies, laß jenes!", "Das tut man nicht!", "Sei vernünftig und lebe normal!" vor lauter Angst, nicht von den anderen geliebt und angenommen zu werden, nicht mehr wußtest oder vielleicht auch gar nicht mehr wissen wolltest, wer Du eigentlich *wirklich* bist.

Doch heute ist eine andere Zeit! Erwachsen, stark und verantwortungsfähig kannst Du diese behindernden Muster zu den Akten legen und lernen, Deine wunderbare Einzigartigkeit zu leben. Die folgenden Übungen können Dir dabei helfen:

Übung I - Die Befreiung des Herzens

Mach es Dir bequem und hör Deinem Atem zu, bis Du ruhig und entspannt bist. Stell Dir jetzt vor Deinem Inneren Auge Dein Herz vor und bitte darum, alle liebesfeindlichen, Deiner Selbstverwirklichung im Wege stehenden Energiemuster als Steine, die darauf liegen, sehen zu können. Schau Dir den Trümmerhaufen dann einen Moment an und mach Dir bewußt, daß Du jetzt gleich damit aufräumen wirst, und Dein Herz dann wieder frei schlagen und Liebe in Dir und um Dich verbreiten kann und wird. Warte, bis Du

---

Eine Beschreibung der Funktionen Deines Herzchakras findest Du im Anhang II

das Gefühl hast, es ist der richtige Zeitpunkt. Du wirst ihn deutlich an einem starken inneren Bedürfnis zum Handeln erkennen. Bitte dann Gott oder wie immer Du die Schöpferkraft nennst, darum, Dir bei Deiner wichtigen Arbeit zu helfen. Atme nun einige Male tief und bewußt ein. Nimm war, wie dabei große Mengen von Liebesenergie in Deinen Körper gezogen werden und wie gut das tut. Wenn Du das Gefühl hast, daß genug Kraft in Dich hineingeflossen ist, atme kräftig aus, klatsche gleichzeitig in Deine Hände und reibe die Handflächen kräftig aneinander. Fahre damit solange fort, bis Du ein starkes Kribbeln oder Vibrieren in ihnen spürst. Visualisiere jetzt eine Säule von strahlendem Licht, die von Deinem Herzen weg nach oben zur Quelle allen Seins, zu Gott, führt. Dann lege beide Hände auf die Mitte Deiner Brust, wo Dein Herz schlägt. Sieh mit Deinem Inneren Auge zu, wie ganz viel Licht und Liebe aus Deinen Händen zu Deinem Herzen fließt, spüre die kraftvollen Schwingungen und beobachte, wie erst langsam und dann immer schneller Stein um Stein von Deinem Herzen weggeschleudert wird und in der Lichtsäule verschwindet. Sie alle werden sich auf einer hohen feinstofflichen Ebene mit der Quelle der Schöpfungskraft vereinigen und wieder zu Liebe werden. Sind alle Felsbrocken in das Licht gegangen, schließe die Lichtsäule durch die Kraft Deiner Gedanken und laß noch einige Zeit weiter Energie aus Deinen Händen in Dein Herzchakra strömen, um die nun leeren Stellen mit Liebeskraft zu füllen. Dies ist sehr wichtig! Vergiß es nicht! Du beugst damit neuen Felsbrocken vor. Wenn Du damit fertig bist, lege die Hände wieder ab, nimm ein paar tiefe Atemzüge und öffne Deine Augen.

Übung II - Die Befreiung Deiner Persönlichkeit

Im Zusammenhang mit Übung I solltest Du immer danach auch die folgende durchführen. Es geht hierbei um die Befreiung Deines Solarplexuschakras, des Energiezentrums, das Deine Persönlichkeit, Deine Gefühle und Deine Machtfähigkeit organisiert. Ist es stark blockiert, ist es Dir aufgrund eines tiefen Gefühls von Ohnmacht und damit zusammenhängenden Ängsten nicht möglich, in Dir zu ruhen und selbstsicher und kraftvoll Deinen Weg zu verfolgen. Der Ablauf dieser Übung entspricht dem der letzten, mit den Ausnahmen, daß Du darum bittest, die verschiedenen Angstmuster auf dem Solarplexuschakra vor Deinem Inneren Auge als Felsbrocken zu sehen, die Lichtsäule statt über Deinem Herzen über Deinem Solarplexus visualisierst und auch Deine Hände dort auflegst, um Energie einfließen zu lassen.

Übung III - Innere Führung

Jetzt noch etwas, damit Du Dir in schwierigen Situationen helfen kannst, wenn andere Dich unbedingt mit viel Kraft von Deinem Weg abbringen wollen und Du selbst nicht recht spüren kannst, wo und wie Du weitergehen solltest.

Stell Dich aufrecht hin, Deine Beine sollten etwas gebeugt sein und die Fußspitzen nach innen zeigen. Nun breite die Arme weit aus, als wolltest Du jemanden willkommen heißen, und atme dabei tief ein. Beim Ausatmen führst Du Deine Arme zusammen und legst dann eine Handfläche auf die Stirn und die andere auf Dein Herz. Laß sie dort eine Weile und spüre hin, wie Energie in Dich fließt. Atme wieder ein und öffne die Arme weit, dann bringe sie wieder zueinander und lege diesmal die jeweils andere Handfläche auf Stirn und Herz. Wiederhole diesen Ablauf so lange, bis Du ein Gefühl von Sicherheit und Erkenntnis in Dir wachsen fühlst. Mach Dir nach der Übung keine weiteren Gedanken um Dein Problem, sondern beschäftige Dich mit irgend etwas, was Dir Freude macht. Schlafe eine Nacht darüber und warte, was Dir Deine Träume oder das Leben für neue Möglichkeiten zeigen. Im allgemeinen wirkt diese Methode sehr gut innerhalb von ein bis drei Tagen. Fühlst Du Dich sehr verwirrt oder meinst Du, es hat nach dem ersten Mal nicht ausreichend gewirkt, wiederhole die Übung täglich, am besten abends, bis sich ein Erfolg einstellt. Wichtig dabei ist, daß Du nicht Deinen Willen mit einem bestimmen Weg durchsetzen willst. Gib dem Universum Gelegenheit, für Dich zu sorgen und nutze dankbar, was es Dir sendet. Und sei sicher, es wird Dir *immer* etwas im ganzheitlichen Sinne Vernünftiges zuspielen. Zugreifen mußt Du allerdings!

Diese letzte Übung aktiviert unter den genannten Voraussetzungen sehr wirkungsvoll wichtige Bereiche des Stirn- und des Herzchakras.

Durch die vorangegangenen Übungen gut vorbereitet, kann es jetzt mit Deinem Selbstentdeckungsabenteuer richtig losgehen.

Es gibt viel zu entdecken - freu' Dich darauf!

Übung IV - Entdecke Deine Talente mit der Hilfe Deines Inneren Kindes

Ist Dein Herz endlich frei genug, um Liebe in Dir und Deiner Umwelt zu verströmen, brauchst Du diese neuen Möglichkeiten nur noch zu nutzen. Jetzt geht es darum, herauszufinden, was Du eigentlich für Talente hast. Nimm Dir bei passender Gelegenheit eine halbe Stunde Zeit, beginne mit einer Entspannungsübung, die Du gern magst und kehre dann in Deinen Gedanken zu Deiner Kindheit zurück. Sobald Du Dich als kleines Kind wahrnehmen kannst, frage diese kleine Person, Dein Inneres Kind, was es gerne mit den Möglichkeiten, die Du als Erwachsener hast, anfangen würde. Welche Spiele es gern spielen möchte. Wie Dein Leben seiner Meinung nach sein sollte, damit es sich wohl und glücklich fühlen kann. Hör dann zu, was es Dir erzählt und sei offen für seine Botschaft. Hat es Dir für dieses Mal (es sollte weitere geben, damit Du diese Seite Deiner Persönlichkeit immer besser kennenlernst) alles erzählt, bitte es, Dir ein Zeichen zu geben, wenn Du im Alltag etwas sagst oder tust, was Deine Selbstverwirklichung behindert. Das kann zum Beispiel ein Jucken, oder die Vision von einem Papierkorb sein, in die dieses für Dich unpassende Verhalten besser gehört. Sei kreativ und denke Dir etwas aus, was Euch beiden Spaß macht oder laß Dein Inneres Kind etwas Schönes vorschlagen! Versprich ihm und damit Dir, aufmerksam zu sein und zuzuhören und bitte es, nicht gleich einzuschnappen, wenn Du mal etwas begriffsstutzig bist.

Achte in Deinem Alltag auf diese Warnsignale und besonders auf die spontane Empfindung von Neugier und Faszination. Gehe diesen Impulsen, wann immer es irgend geht, nach. Sie werden Dich als Boten Deines Inneren Kindes sicher zu den besten Verwirklichungsmöglichkeiten Deiner Talente leiten. Spiel einfach mit. Es macht eine Menge Spaß, mit den Möglichkeiten eines Erwachsenen im Leben spielen zu können. Seit ich es tue, geht es mir jedenfalls so gut wie nie zuvor, und ich habe noch nie jemanden erlebt, dem diese Einstellung geschadet hätte! Außerdem bekommst Du damit wieder Zugang zu der Kraft des Kindes. Du meinst Kinder sind nicht so kräftig wie ein Erwachsener? Nun, sie sind sehr viel stärker! Versuche mal eine Stunde lang alle Bewegungen nachzumachen, die ein drei- oder vierjähriges Kind beim Spielen vorführt. Wenn Du eine halbe Stunde durchhältst, bist Du verdammt gut durchtrainiert. Stell Dir vor, Du hättest die Kraft eines Kindes zur Selbstverwirklichung. Wäre das nicht toll? Na, Du weißt ja jetzt, wie Du sie als Erwachsener bekommen kannst. Nur hast Du heute viel mehr Wissen und Erfahrungen, die Dir helfen, diese Stärke praktisch einzusetzen. Jeder große Künstler, jeder bedeutende Forscher, einfach alle, die schöne, wertvolle Dinge schaffen, hat zumindest in gewissen Bereichen seines Lebens diese Verbindung zu seinem Inneren Kind gefunden und gepflegt. Aus dieser Quelle fließt ihm die unbändige Kraft zur Selbstverwirklichung zu, die andere, nicht "Eingeweihte", nur staunen läßt. Jetzt bist Du dran!

Money is Love in Action

Dieser englische Satz soll aus Findhorn, einer spirituellen Lebensgemeinschaft im Norden Schottlands stammen. Er heißt übersetzt: "Geld ist Liebe in Bewegung". Zu dem Thema "Geld" habe ich Dir im 1. Kapitel ja schon eine Menge erzählt. In diesem Abschnitt geht es darum, Deine Fähigkeiten durch den richtigen, heilsamen Gebrauch von Geld nutzen zu lernen, auszubilden und anderen zur Verfügung zu stellen. Denn Geld ist ein phantastisches Werkzeug zur liebevollen Selbstverwirklichung. Du kannst dabei folgendermaßen vorgehen...

Schreibe auf ein schönes Blatt Papier den folgenden Satz:
"Ich bitte darum, immer soviel Geld zu bekommen, wie ich brauche, um alles lernen zu können, was gerade für mich wichtig ist. Ich werde dafür gerne meinen einzigartigen Beitrag zum Wachstum aller leisten und die Leistungen anderer für mich respektvoll, dankbar und liebevoll annehmen. Ich bitte die Kräfte des Lichts und der Liebe, mir bei der Erfüllung meines Versprechens zu helfen."

Nun nimm ein 5-Mark-Stück und falte es in das gerade beschriebene Blatt. Schreibe zum Schluß auf jede Seite "Money is Love in Action!", hauche es einige Male an, um es mit Deiner Energie in Verbindung zu bringen, packe es in einen Beutel und trage es um den Hals oder lege es nachts unter Dein Kopfkissen. Dieses Amulett wird Dir helfen, Dich liebevoll und zum Segen aller Beteiligten in Deinem Schaffen zu verwirklichen. Halte es in Ehren und danke ab und zu für die schönen Erfahrungen, die in der folgenden Zeit auf Dich zukommen werden.

Dein persönliches Programm für Erfolg und Glück durch liebevolle Selbstverwirklichung

Übung VI - Einstimmung auf die kosmische Ordnung

Nimm Dir in einer ruhigen Minute Papier und Schreibstift und schreibe so umfassend wie möglich auf, wie Du Dir Deine Zukunft vorstellst. Male sie in den schönsten Farben und baue alles ein, was Du haben willst. Laß all die Luftschlösser Deiner tiefsten Sehnsüchte auf dem Papier Gestalt annehmen. Wenn Du fertig bist, schau Dir nochmal an, ob auch wirklich alles drin ist. Dann nimm ein paar alte Zeitungen und entzünde an einem dafür geeigneten Ort ein kleines Feuer. Fasse das von Dir beschriebene Papier mit beiden Hände, hebe es hoch zum Himmel und sprich langsam und bewußt:

"Ich opfere heute und für immer diese meine persönlichen Wünsche für die Zukunft und öffne mich vertrauensvoll für all das Gute, das Gott mir zur rechten Zeit in Fülle geben wird, um mein Leben und das aller Beteiligten zu bereichern und mit Sinn zu erfüllen. Ich vertraue auf die Kraft des Lichts und der Liebe und bitte sie um Führung!"

Dann lege Deine Wünsche mit dem Papier, auf dem sie festgehalten sind, in die Flammen und empfange die vielen Segnungen, für die Du Dich jetzt geöffnet hast. Du kannst dieses Ritual immer wiederholen, wenn Du das Gefühl hast, Dich in irgendeine Vorstellung verrannt zu haben und Dich wieder für die vertrauensvolle Zusammenarbeit mit der Schöpfungskraft öffnen möchtest.

Erwarte nichts, sei bereit und Du wirst alles erhalten!
(Walter Lübeck)

Die Übungen in diesem Kapitel sind einfach. Aber unterschätze sie nicht! Durch ihre besondere Gestaltung und einem Segen von den Mächten des Lichts und der Liebe werden jedesmal starke heilsame Kräfte hin zu dem strömen, der sie durchführt. Wichtig für ihre Wirksamkeit ist nicht der Glaube daran, sondern nur die Beachtung des Ablaufs und die bewußte Durchführung. Mach Dir vor jedem Ritual noch einmal genau klar, warum Du es machen möchtest. Laß Dir Zeit dafür und stürze Dich hinterher nicht gleich in irgendwelche hektischen Aktivitäten. Je öfter Du Erfahrungen mit diesen Übungen sammelst, desto mehr wirst Du von ihren Wirkungen erstaunt und erfreut sein. Natürlich wird meist nicht das passieren, was Du Dir insgeheim doch gewünscht hast. Dafür wirst Du aber etwas bekommen, was sich im Nachhinein als sehr viel befriedigender für Dich und alle Beteiligten erweisen wird.

Gerade das letzte Ritual wird Dir die Chance geben, mit der Hilfe der kosmischen Ordnung alles, was in Dir steckt, auf die beste Art und Weise zu verwirklichen. Gibst Du Gott die Möglichkeit, Dir zu helfen, wird er immer "Ja" sagen und Dir helfen, wo Du ihn nur läßt.

Vieles von dem, was ich Dir in diesem Kapitel mitteilen darf, mag dir sehr exotisch und unwahrscheinlich vorkommen. Wir alle sind durch unsere Erziehung mit dem Muster geprägt worden, wir müßten uns gegen eine feindliche Welt behaupten. So erwarten wir alle mehr oder weniger ein Leben voller Kampf und Probleme. Doch das, was Kraft kostet und Auseinandersetzungen hervorruft, ist nur der Widerstand gegen den Fluß der Lebensenergie. Versuchst Du gegen den Strom zu schwimmen, kostet das Kraft und Du kommst trotz großem Einsatz nicht weit. Und irgendwann reißt er Dich, wenn Du erschöpft bist, doch mit. Nur kannst Du ihn jetzt vor Verausgabung, Angst und Verbitterung über Dein Scheitern und Deine durch Dein Handeln selbst gewählte Einsamkeit nicht mehr genießen und übersiehst die Chancen, die er Dir ständig bietet. Denk daran: Eine Autobremse verschleißt durch den Prozeß des Bremsens! Also nimm den Fuß vom Pedal. Du hast einen eingebauten Chauffeur, der genau weiß, wo es langgeht, ohne bremsen zu müssen.

Gibst Du Dich der Führung des Lebensstromes vertrauensvoll hin und greifst Dir die für Dich maßgeschneiderten Chancen, die Dir immerzu über den Weg laufen, wird es Dir gut gehen. Dies ist Dein persönliches Erfolgsprogramm. Besser, als es sich ein menschliches Gehirn bewußt ausdenken könnte, denn es berücksichtigt fair und liebevoll alle Interessen. Etwas vollkommeneres als die göttliche Ordnung gibt es nun mal nicht. Doch nun genug der Schwärmerei. Ich hoffe, daß Du jetzt von meinem Geschreibsel motiviert genug bist, um Deine Chance zu nutzen.

9. Kapitel

Die Heilung des materiellen Bewußtseins

Was ist das materielle Bewußtsein?

Aus diesem Bereich Deiner Persönlichkeit heraus gehst Du unter anderem mit Geld, Deinem Beruf, Arbeit im allgemeinen, dem, was Du besitzt und den daraus erwachsenden Anforderungen und Problemen, Glücksperspektiven und kleinen und großen Freuden der Welt um. Es ist der Anker Deiner Existenz und verantwortlich für die Gestaltung Deines Alltags. Sind im materiellen Bewußtsein viele Blockaden vorhanden, hast Du Schwierigkeiten, Erfüllung in Deinem Leben zu finden. Denn Du übersiehst immer wieder, daß Gott in der ganzen Schöpfung ist und beziehst den Strom der kosmischen Lebensenergie nicht in Dein Denken und Handeln im materiellen Bereich ein. Läßt Du Dich auf die Spiritualität der *ganzen* Schöpfung ein, wird Gott Dir immer seine Hand reichen. Wenn Du sie ergreifst, gibt es eine sehr schöne und sinnvolle Zeit für Dich hier auf der Erde. Je mehr Du die Schöpfung aufteilst in "Gut" und "Schlecht", desto schwieriger wird es, glücklich und im ganzheitlichen Sinne erfolgreich zu sein. Lerne, das Spirituelle, den Lichtfunken, in allem zu sehen und zu nutzen, indem Du mit Deinem Einsatz hilfst, ihn hell erstrahlen zu lassen. Dann wirst Du jeden Tag als Geschenk erleben. Mit jeder Mark, die Du ausgibst, werden Liebe, Bewußtheit und spirituelle Energie verbreitet werden. Alles, was Du mit Deinem Geld einkaufst, wird Dir die Liebe Deiner Mitmenschen und die Gegenwart Gottes erfahrbar machen.

Dein Besitz wird von Dir als Teil der göttlichen Schöpfung, für den Du verantwortlich bist, sinnvoll genutzt, respektvoll erhalten und mit gutem Gewissen und Erfolg vermehrt werden. Denn Du hast erkannt, daß Dir der Schöpfer mit dem, was Du besitzt, eine Möglichkeit zum Lernen, zur Selbst- und Gotterkenntnis, zum liebevollen und verantwortungsbewußten Umgang mit der Welt und zur Erfüllung Deiner Bedürfnisse gegeben hat.

Die Stunden, die Du mit Arbeit zubringst, werden nicht mehr Belastung und Zeitverschwendung sein. Stattdessen kannst Du Deinen Beruf zur Selbsterfahrung und Entfaltung Deiner Talente nutzen. Andere werden an dem, was Du erarbeitet hast, durch den Wirtschaftskreislauf teilhaben und Du wirst stolz auf das sein, was Du weitergibst. Denn es ist als Ausdruck Deiner wunderbaren Einzigartigkeit mit Liebe, Bewußtheit und Respekt vor der Schöpfung erarbeitet worden.

In den vorangegangenen Kapiteln hast Du viel über diese Lebensbereiche und Deine Einstellung dazu erfahren. Jetzt möchte ich Dir zum Abschluß ein Programm vorstellen, das Dir im Alltag dabei helfen wird, immer harmonischer mit der Welt der Materie umzugehen.

Lernschritte zum heilsamen Umgang mit der Welt der Materie

Übung 1: Sinnvolle und befriedigende Arbeit

Nimm Dir einige Minuten Zeit an jedem Abend, um Dir bewußt zu machen, was Du an diesem Tag mit Deiner Arbeitskraft geschaffen hast. Schließe die Augen und laß zuerst alle Bilder von Enttäuschung und Frustration aufsteigen, die sich an diesem Tag angesammelt haben. Schau sie Dir an, werte nicht, laß sie kommen - und gehen. Schließe diesen Teil der Übung damit ab, daß Du laut sprichst: "Ich bitte um die Fähigkeit, alles, was mir die Freude an der Arbeit nimmt, so zu gestalten oder zu verstehen, daß es mir und allen anderen, die beteiligt sind, gut tut und unser

Leben mit Freude und Sinn erfüllt. Ich bitte um die Kraft, alle Arbeitssituationen, die ich nicht zum Positiven wandeln kann, zur rechten Zeit ablegen zu können und stattdessen sinnvolle und glückbringende zu bekommen und auf die rechte Weise nutzen zu lernen!"

Nimm nun einige tiefe Atemzüge, laß bei jedem Ausatmen Anspannung und Enttäuschung aus Dir herausfließen. Visualisiere diese disharmonischen Energien als dunkle Flüssigkeit. Bei jedem Einatmen nimm Freude und Zufriedenheit in Form von kristallklarer, erfrischender Flüssigkeit in Dich auf, bis Du Dich ausgeglichen fühlst.

Nun vergegenwärtige Dir, wie die Produkte Deines Schaffens zu anderen Menschen kommen und ihnen dabei helfen, ihr Leben zu bereichern und zu erhalten. Versuche jeden Tag weitere sinnvolle Aspekte Deiner Tätigkeit in Dein Bewußtsein zu holen. Sage zum Abschluß dieses Teils der Übung laut: "Es ist gut, was ich getan habe, und ich danke Gott für die Fähigkeit, dies tun zu dürfen!".

Diese kleine Übung wirkt beinahe Wunder, wenn Du sie einige Zeit regelmäßig ausführst. Sie schult Dein Bewußtsein und hilft Dir dabei, Verantwortung für Dein Arbeitsleben zu übernehmen und Freude und Sinn in ihm zu finden.

Übung 2: Lichtarbeit mit Geld - der spirituelle Umweltschutz

Wenn Du Bargeld, Schecks, Überweisungsträger oder Kreditkarten, also alles, was geldgleich ist, in die Hand nimmst, um es auszugeben oder als Gegenleistung bekommst, denke die drei wichtigen Worte: "Liebe - Respekt - Dankbarkeit!". Das mag Dir vielleicht schwierig vorkommen, aber probiere es aus. Diese Übung wird Dein Leben verändern. Alle materiellen Dinge, die von Dir kommen, werden spirituell mit diesen drei Energiequalitäten aufgeladen sein. Nichts wird ihre Wirkung blockieren können, denn bewußt und mit Verständnis angewendet, rufen sie die höchste spirituelle Kraft, Gott, herbei. Alles, was Du annimmst und abgibst, wird damit harmonisiert werden, egal, welche

Ausstrahlung es vorher hatte. So kannst Du Deinen Beitrag zur Heilung der Gesellschaft leisten und Dir und Deinen Mitmenschen helfen, indem Du Harmonie in die Welt bringst. Das ist spiritueller Umweltschutz! Unsere Zeit krankt am fehlenden Sinn, an der abgelehnten, vergessenen Verbindung zur Quelle allen Seins. Stellst Du bewußt diese Beziehung wieder her und lädst die Materie mit der universellen Schöpferkraft auf, kann die irdische Welt wieder an den göttlichen Lebenssinn angeschlossen werden. Wenn Du so willst, ein Beitrag dazu, das Wassermann-Zeitalter schneller und problemloser beginnen zu lassen.

Übung 3: Reichtumsbewußtsein

Schreibe auf, was Du besitzt. Besorge Dir eine China-Kladde oder ein Ringbuch und liste auf, was Dir gehört, inklusive gemieteter Dinge, an denen Du ein Nutzungsrecht hast. Sei dabei genau! Schreibe möglichst alles auf. Mach eine Bestandsaufnahme Deiner materiellen Güter. Das dauert beim ersten Mal zwar wahrscheinlich eine Weile, aber es ist eine wichtige Bewußtseinsschulung! Wenn Du nicht weißt, was Du hast, kannst Du Dir keine praktischen Gedanken über sinnvolle Nutzung, Verantwortung, ganzheitlichen Reichtum usw. machen. Dann schreibe hinter jede Position den materiellen Wert in DM. Es kommt dabei nicht auf den letzten Pfennig an. Allerdings sollte die Bewertung schon recht realistisch sein. Zum Schluß zähle alles zusammen. Du wirst Dich wundern, wie reich Du bist! Ich habe bisher noch nie einen Menschen erlebt, der bei dieser Übung in etwa seinen tatsächlichen Besitzstand einschätzen konnte. Nun lies jeden Punkt auf der Liste laut und deutlich vor. Wenn Du mit allem durch bist, sage bewußt und langsam: *"Dies alles habe ich durch Gottes Hilfe und meine Leistung bekommen. Es ist mir anvertraut worden, um meine materiellen Bedürfnisse zu erfüllen, meine Talente zu erkennen und zu entfalten. Ich kann so Liebe, Respekt und Dankbarkeit lernen und in der Welt verbreiten. Ich werde mich nach besten Kräften bemühen, meinen Besitz für alle Beteiligten sinnvoll zu nutzen und zu pflegen. Brauche ich etwas nicht mehr, werde ich es eintauschen gegen ein Gut, das für mich wichtig ist oder einem Menschen schenken, der es brauchen kann. Nur, wenn es wirklich nicht mehr nutzbar ist, gebe ich es in den Abfall, danke für die Dienste, die es mir geleistet hat und bitte darum, daß es wieder zu einem nützlichen Teil der Schöpfung wird. Gott möge mir dabei helfen, meinen Vorsatz im Leben zu erfüllen!"*

Wahrscheinlich wird diese Übung zu umfangreich sein, um sie in einem Anlauf zu bewältigen. Du bist eben so reich, daß sich Dein Besitz gar nicht in wenigen Stunden erfassen läßt. Mach Dir nichts daraus und nimm mehrere Anläufe - aber tu es!

Später solltest Du etwa jeden Monat einmal weiter an der Heilung Deines materiellen Bewußtseins weiterarbeiten und die Liste um die Dinge ergänzen, die neu zu Deinem Besitz geworden sind und natürlich auch die streichen, die Du eingetauscht, verschenkt oder weggeschmissen hast. Denke bei diesen Aktionen an die 2. Übung!

Übung 4: Die Spiritualisierung Deines materiellen Bewußtseins

In dieser Übung geht es um die moralische Bewertung materieller Dinge. Konkret: Es wird viele materielle Güter geben, die Du als schön, sinnvoll, richtig und gut einzustufen gelernt hast. Und es wird andere geben, die von Dir als häßlich, unsinnig, falsch und schlecht bewertet werden. Solange Du so denkst, nimmst Du Deine Verantwortung gegenüber der Schöpfung nicht wahr und bist nicht wirklich in der Lage, Liebe zu leben und zu verbreiten. "Gut" und "Schlecht" ist Menschenwerk. Was hältst Du von der Meinung:

"Es gibt nichts Schlechtes in der Welt, es sei denn, ein Mensch macht es dazu!"

Der Mensch entscheidet, ob er einen Hammer verwendet, um ein Bild an der Wand zu befestigen oder einem anderen den Schädel einzuschlagen. Der Mensch kann wählen, ob er ein Messer zum

Morden benutzt oder um Gemüse zu putzen und kleinzuschneiden. Aber halt! Im letzteren Fall beendet er das Leben des Paprikas oder der Tomate. Ist das schlecht? Wenn Du davon ausgehst, daß das Leben niemals endet, sondern nur andere Formen annimmt, ist der Tod eines Wesens auf der einen Existenzebene die Voraussetzung für seine Geburt auf einer anderen. Auch Du mußtest, bevor Du gezeugt worden bist, in der feinstofflichen Welt sterben. Kein Leben ohne Tod - kein Tod ohne Leben.

In einem spirituellen Lied der indianischen Tradition heißt es:

"Hoof and Horn, all what dies shall be reborn. Corn and Grain, all that's cut shall rise again!" *

Du merkst an diesen Beispielen, es ist gar nicht so schwer, die gewohnten Wertungen in einen anderen Zusammenhang zu setzen und so ein neues, ganzheitlicheres Verständnis zu erlangen. Dieser Prozeß der Überprüfung Deiner Urteile ist sehr wichtig, um behindernde Denkmuster aufzulösen und den Weg für eine liebevolle, spirituelle Weltsicht frei zu machen. Nichts ist sinnlos! Doch es ist eine wesentliche Aufgabe für jeden Menschen, das Seine zu tun, um den verborgenen Sinn, das göttliche Licht in den zehntausend Dingen der Welt, wie die Chinesen die Vielfalt der Schöpfung nennen, zu entdecken, und sie dementsprechend zum Wohle aller zu nutzen.

Nach dieser langen, aber für Dich hoffentlich nicht langweiligen Vorrede nun endlich die eigentliche Übung: Besorge Dir eine Tageszeitung und suche Dir, je nach Lust und Laune, eine größere oder kleinere Anzahl von Worten heraus, die Du negativ zu werten gelernt hast. Schreibe in ein paar Sätzen Deine negative Wertung dazu auf und begründe sie kurz. Nun versuche den verborgenen göttlichen Sinn in jedem freizulegen, indem Du folgende Punkte überprüfst:

Übersetzung: Huf und Horn, alles was stirbt, wird wieder geboren werden. Mais und Getreide, alles was geschnitten wird, wird wieder wachsen!

Leitet sich Deine Meinung von einer

Generalisierung

ab? Das heißt, glaubst Du zum Beispiel, daß alle Versicherungs-
vertreter Gauner sind, die Dir für überflüssige Sachen das Geld
aus der Brieftasche ziehen wollen? Kennst Du "alle Versiche-
rungsvertreter"? Mach Dir klar, daß Deine Schlußfolgerungen
auf begrenzten Erfahrungen basieren und deswegen wahrscheinlich nicht der Realität entsprechen!

Ist Deine Ansicht durch eine

Verzerrung

zustande gekommen? Hast Du möglicherweise ein persönliches
Vorurteil gegenüber Versicherungen und deren Vertretern, weil
Du oder Menschen, die Dir nahe stehen, schlechte Erfahrungen
gemacht oder Dir ihre Meinungen weitergegeben haben. Vielleicht
hast Du auch Angst vor Schadensfällen, der Zukunft und dem
Umgang mit Geld überhaupt und wertest deswegen negativ.

Prüfe, ob

- Ängste
- Gier
- Neid

Dich zu Deinem Urteil gebracht haben. Sei ehrlich!

Ist Deine Bewertung durch eine

Tilgung

verursacht worden. Also hast Du bestimmte Informationen, die
Dir eine andere Einstellung verschaffen könnten, nicht beachtet,
weil die Art der Übermittlung Dir nicht gefiel. Hat es zum Beispiel
jemand gesagt, den Du nicht magst, von dem Du meinst daß er
nicht kompetent ist oder stand es in einer Zeitung, die Du als
"schlecht" einschätzt?

Dann suche in jedem Wort eine aufbauende Bedeutung, die Dir einen Hinweis auf den ganzheitlichen, vollkommenen Sinn dieses Begriffes geben kann, und ruhe nicht, bevor Du ihm näher gekommen bist. Es gibt ihn übrigens immer, denn die Welt ist eine sinnerfüllte Schöpfung Gottes. Wenn wir Menschen den heiligen SINN in jedem Ding anerkennen und verstehen, verbreiten sich Liebe, Erfüllung und Reichtum in der Welt. Wir haben die Freiheit, sinnvoll oder unsinnig mit unserem Leben umzugehen.

Die Erlösung Deiner Schattenseiten

Falls Du trotzdem nicht zu einer ganzheitlicheren Einstellung gegenüber einer Sache kommst, verwende das

Advocatus-Diavoli-Prinzip

Vertrete mit allem, was Dir einfällt, genau das Gegenteil Deiner bisherigen Meinung. Auf diese Weise lernst Du sehr schnell die Relativität eines Werturteils kennen. Mach ein Spiel daraus, Dir möglichst gute Argumente dafür einfallen zu lassen. Du kannst diese Übung auch mit Freunden spielen. Es ist sehr lustig, einmal ganz anders zu sein und Dir bekannte Menschen wie umgekrempelt zu erleben. Außerdem macht es toleranter, liebevoller und kreativer, wenn Du ab und an in die Rolle eines Menschen mit einer entgegengesetzten Meinung schlüpfst. Ich nenne diesen Prozeß auch die Erlösung der Schatten. Denn das, wogegen Du Dich am meisten zur Wehr setzt, viel Wut und Angst spürst, Abneigung und Ekel empfindest, hat auch *immer* einen Zusammenhang mit einem nicht gelebten, nicht geliebten Teil Deiner eigenen Persönlichkeit. Einem Talent, das Dir nur solange als böse erscheint, wie es nicht liebevoll angenommen wird und Du seinen göttlichen Sinn, der *immer* vorhanden ist, nicht erfahren hast.

Je mehr Schatten Du im Innen und Außen akzeptierst, desto liebevoller und glücklicher wirst Du, denn es gibt immer weniger, vor dem Du Angst hast und wogegen Du kämpfen mußt - es lohnt sich also, diesen Weg zu gehen. Und falls Du meinst, das sei alles viel zu viel: Nun, wenn Du nur eine Übung machst, hast Du bereits Dein Herz ein wenig geöffnet. Spüre nach der Übung in Dich hinein. Du wirst deutlich wahrnehmen, wie gut Dir ein wenig mehr Einheit und Liebe tun. Vielleicht kommst Du dann ja auf den Geschmack...

Und wenn Du Dir schon sonst nichts gönnst - gestatte Dir wenigstens ein bißchen Liebe. Sie macht nicht dick und ist sehr gesund!*

*Ein Schelm, wer Böses dabei denkt!"

Gebrauchsanweisung zu den Pendeltafeln

Grundsätzliches zum Pendeln - Bitte vor der Benutzung aufmerksam lesen.

Die Pendeltafeln sollen Dir helfen, auf einfache und wirkungsvolle Weise Probleme einzukreisen und Ideen zu ihrer Harmonisierung zu finden. Da unmöglich alle Alternativen in die Tafeln einzubauen sind, habe ich zu den in meiner Praxis bewährten Standardtafeln 1 bis 11 noch weitere ohne Beschriftung beigefügt, die Du selber entsprechend Deinen Anforderungen gestalten kannst. Auf allen Tafeln befindet sich ein Feld für Fehler. Dies ist sehr wichtig! Dorthin wird Dein Pendel ausschlagen, wenn etwa auf der Tafel keine passende Antwort vorhanden ist oder Du zur Zeit aus anderen Gründen keine sinnvollen Ergebnisse beim Pendeln erwarten kannst. Mit der Tafel 1 "Fehlerkorrekturtafel" kannst Du dann den Fehler näher bestimmen. Wenn Du mit dem Pendel an einer für Dich sehr wichtigen Sache arbeiten willst, solltest Du zwischendurch immer wieder fragen, ob die Ergebnisse stimmen, und im Zweifelsfall einen anderen Pendler zu Rate ziehen, der mit dem Thema nicht gefühlsmäßig verbunden ist. Auch ergänzende Erkenntnisarbeit mit dem I Ging, Tarot, Karten der Kraft oder ähnlichen zufallsbestimmten Orakeln ist empfehlenswert, um Irrtümer weitgehend auszuschließen und einen möglichst breiten Lösungsansatz zu dem anstehenden Problem zu bekommen.

Solltest Du noch nie ernsthaft mit einem Pendel gearbeitet haben oder nur wenig Erfahrung damit besitzen, empfiehlt es sich, ein gutes Seminar zu dem Thema zu besuchen und Dich etwas in die Materie einzulesen.*

Erklärungen zu den Pendeltafeln

Pendeltafel 1 (Fehlerkorrekturtafel)

Diese Tafel bietet Dir häufige Ursachen für eine falsche Antwort des Pendels. Die Eintragungen sind weitgehend selbsterklärend, bis auf die Alternative "Darf zur Zeit nicht beantwortet werden." Diese Aussage bedeutet, daß eine Antwort zur Zeit nicht im Sinne der kosmischen Ordnung liegt. Es gibt Situationen, durch die ein Mensch so selbstbestimmt wie möglich gehen muß, allein auf die eigene Urteilsfähigkeit bauend, um Eigenverantwortlichkeit und Vertrauen in die direkte Führung Gottes zu lernen. Es ist auch möglich, daß eine Auskunft im ganzheitlichen Sinne schädliche Auswirkungen auf die an der Situation Beteiligten hätte.

Pendeltafel 2 (Hauptchakren)

Diese Tafel kannst Du zu den unterschiedlichsten Zwecken benutzen. So lassen sich damit zum Beispiel die von einem bestimmten Problem betroffenen Chakren schnell und sicher ermitteln. Du kannst Dich dann in ein gutes Chakrenbuch (siehe Bibliographie) vertiefen und entsprechende Übungen durchführen, um diese Energiezentren zu stärken und zu harmonisieren. Wenn Du wissen möchtest, aus welchem Chakra Du oder jemand anders zur Zeit hauptsächlich lebt, ist diese Tafel ebenfalls von großem Nutzen. Mach aber bitte keine Hierarchie daraus - *der* lebt ja noch aus dem Wurzelchakra, *ich* bin schon im Herzzentrum. Erstens ist jedes Chakra gleich wichtig im Prozeß der Selbstentfaltung, und zweitens kannst Du auf sehr praktische Art Dein Herzchakra stärken, wenn Du Vorurteile aufgibst und stattdessen liebevoll mit

---

Siehe dazu auch mein "Pendel-Handbuch", erschienen im Windpferd Verlag, 1991

Deinen Mitmenschen umgehst. Das Denken in hierarchischen Strukturen (der/die ist besser/schlechter als ich) tötet die Liebe und macht die Entwicklung zum Licht unmöglich, denn im weißen Licht sind *alle* Farben gleich stark vertreten. Wären bestimmte Farben hervorgehoben, wäre das Licht nicht mehr weiß, sondern farbig.

Bei Streitigkeiten kannst Du ermitteln, welche Chakren in der Beziehung harmonisch und welche disharmonisch sind. Hast Du finanzielle Schwierigkeiten, pendle einfach aus, welches Chakra blockiert ist und damit die Probleme unterhält. Möchtest Du etwas Bestimmtes tun oder hast Du Angst davor, etwas zu machen, verwende die Chakrentafel, um das Energiezentrum herauszufinden, von dem die Motivation dazu ausgeht. So kannst Du Dir Klarheit über Dein "Innenleben" verschaffen und Dein Leben bewußter gestalten.

Pendeltafel 3 (Beruf)

Die Eintragungen sind weitgehend selbsterklärend. Vertiefende Informationen dazu findest Du in Kapitel 4 "Der spirituelle Sinn des Berufes".

Pendeltafel 4 (Besitz)

Die Eintragungen sind weitgehend selbsterklärend. Vertiefende Informationen dazu findest Du in Kapitel 5 "Der spirituelle Sinn des Besitzes".

Pendeltafel 5 (Geld)

Die Eintragungen sind weitgehend selbsterklärend. Vertiefende Informationen dazu findest Du in Kapitel 1 "Der spirituelle Sinn des Geldes".

Pendeltafel 6 und 7 (Heilung des materiellen Bewußtseins)

Die Eintragungen sind weitgehend selbsterklärend. Vertiefende Informationen dazu findest Du in Kapitel 9 "Die Heilung des materiellen Bewußtseins".

Pendeltafel 8 (Geldtypen)

Eine chakraorientierte Charakter-Typenlehre. Die Eintragungen und die Verwendung der Tafel werden in Anhang 2 "Geldtypen" erklärt.

Pendeltafel 9 (Prozentwerte)

Eine Anwendung wird in Anhang 2 "Geldtypen" erklärt. Weitere Möglichkeiten sind zum Beispiel, den Anteil eines bestimmten Chakras an einem bestimmten Problem prozentual festzustellen, auszupendeln, inwieweit Dein Unterbewußtsein eine bestimmte Problemlösung akzeptiert (0 % = absolutes Nein; 100 % = absolutes Ja) oder wie sinnvoll eine bestimmte Handlungsmöglichkeit für Dich unter ganzheitlichen Gesichtspunkten wäre (0 % = alles andere wäre besser; 100 % = besser geht es nicht!). Beispiel: Du möchtest einen neuen Beruf erlernen. Zur Wahl stehen a) Systemprogrammierer, b) Konditor, c) Postbote. Du bittest Dein Pendel, Dir auf der Pendeltafel 9 "Prozentwerte" zu jeder Alternative einen Wert zu zeigen, der Dir vermitteln soll, wie sinnvoll der jeweilige Beruf unter Einbeziehung aller Umstände, also aus ganzheitlicher Sicht, für Dich wäre. Du erhältst zu a) 30 %, zu b) 80 % und zu c) 10 %. Nun weißt Du, daß a) und c) keine guten Wege wären und b) schon ziemlich gut ist. Möchtest Du eine noch bessere Alternative, mußt Du weitere Berufe mit Deinem Pendel austesten.

Pendeltafel 10 (Yin/Yang-Verhältnis)

Mit Hilfe dieser Tafel kannst Du herausfinden, ob die Energiequalität eines Untersuchungsobjektes, zum Beispiel eines Chakras, mehr in Richtung Yin oder in Richtung Yang geht. "0" bedeutet ein ausgeglichenes Yin/Yang-Verhältnis. 100 Yin bedeutet eine reine Yin-Energie, 100 Yang bedeutet eine reine Yang-Energie.

Pendeltafel 11 (Häufige Charakterblockaden)

Die Anwendung dieser Tafel wird am Ende von Anhang 2 erklärt.

Pendeltafeln

Fehlerkorrektur

Tafel 1.

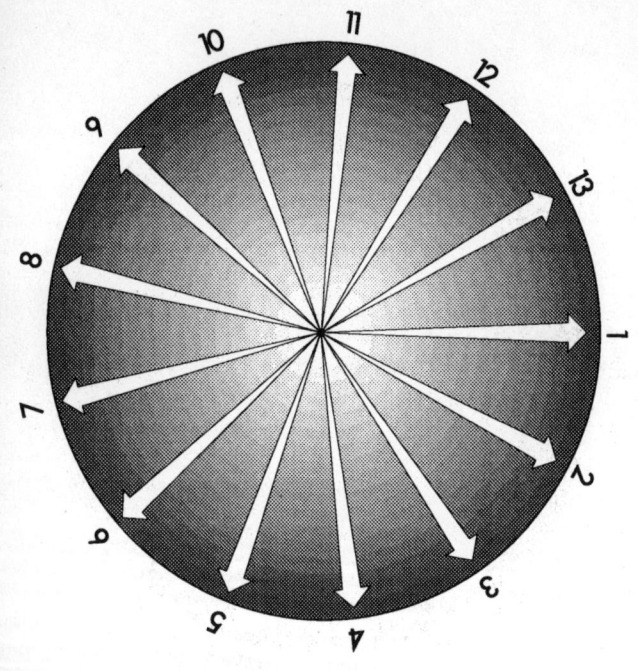

1 Äußere Störeinflüsse
2 Kein Vertrauen
3 Voreingenommenheit
4 Kein ernsthaftes Interesse
5 Antwort nicht auf dieser Tafel
6 Eitelkeit
7 Unkompetent
8 Unkonzentriert
9 Zu müde
10 Störender magischer Einfluß
11 Die Intimsphäre des andern achten
12 Darf zur Zeit nicht beantwortet werden
13 Fehler

Hauptchakren
Pendeltafel 4

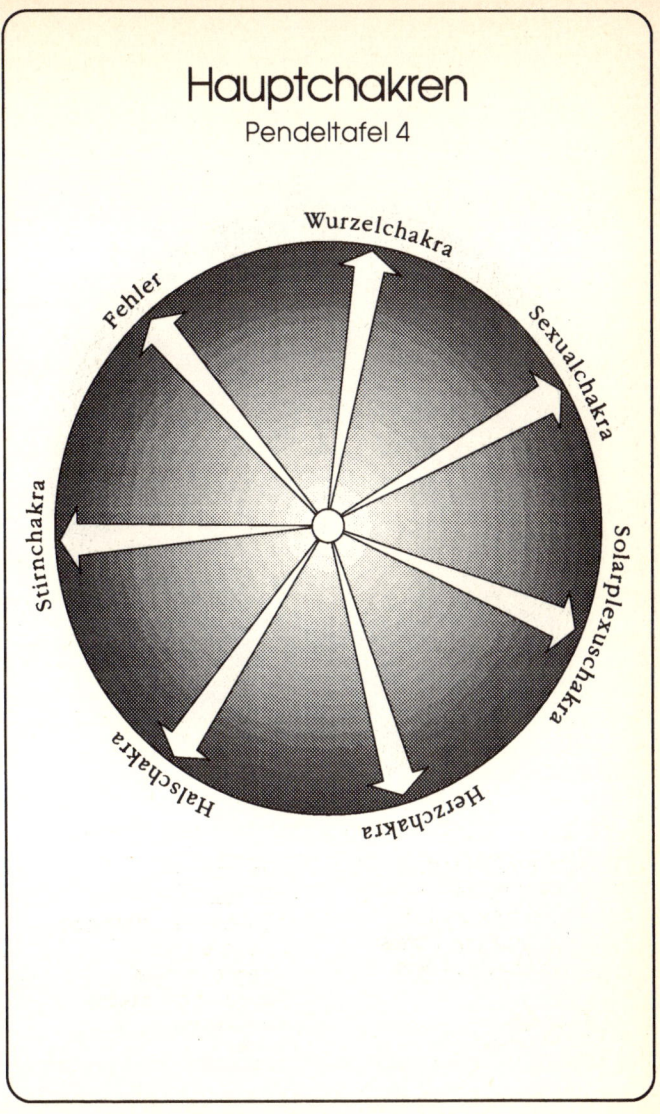

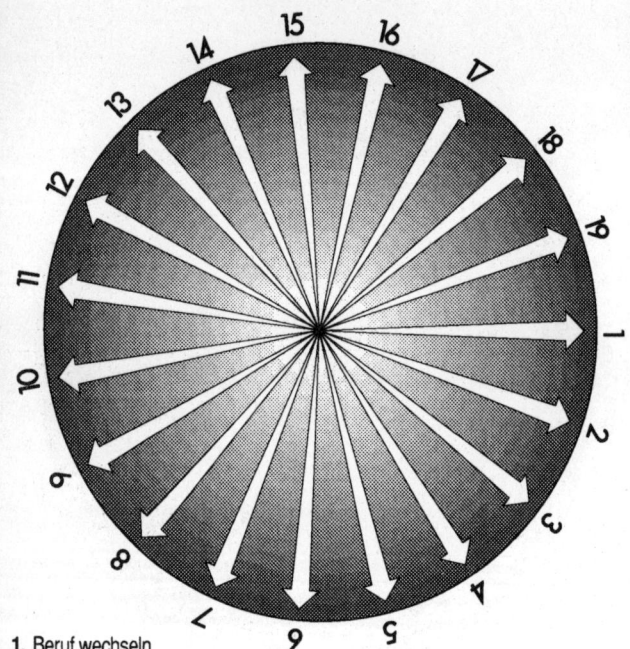

"Beruf"
Pendeltafel 3

1. Beruf wechseln
2. Arbeitsstelle wechseln
3. Arbeitseinstellung harmonisieren
4. Fortbildung
5. Den ganzheitlichen Sinn der Arbeit verstehen und annehmen
6. Nebentätigkeit ausüben
7. Karriere machen
8. Beruf aufgeben
9. Mehr arbeiten
10. Weniger arbeiten
11. Neuen Beruf erlernen
12. Emotionalen Abstand zur Arbeit entwickeln
13. Emotionale Verbundenheit zur Arbeit entwickeln
14. Emotionale Verbundenheit zu Kollegen entwickeln
15. Emotionale Verbundenheit zu Geschäftspartnern entwickeln
16. Konkurrenzdenken aufgeben
17. Liebevolle Durchsetzungsfähigkeit entwickeln
18. Deine individuelle Aufgabe in der Berufswelt erfüllen
19. Fehler

"Besitz"

Pendeltafel 4

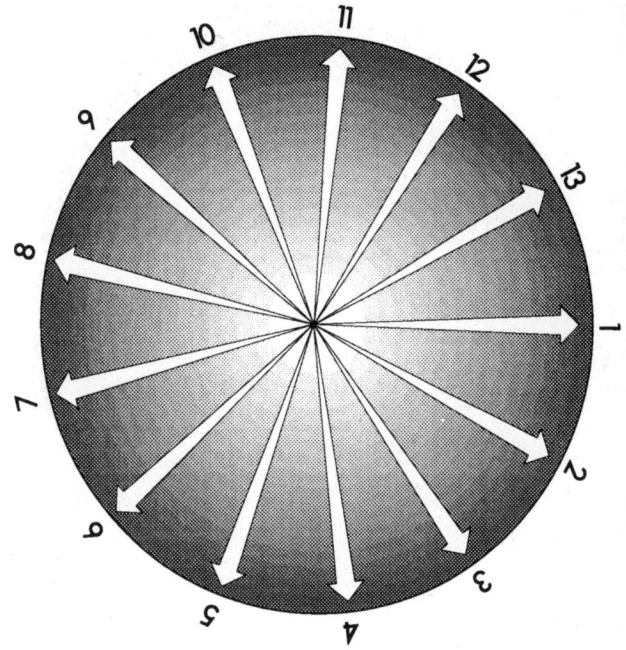

1. Den ganzheitlichen Sinn von Besitz verstehen
2. Besitz annehmen
3. Besitz loslassen
4. Besitz teilen
5. Besitz liebevoll verteidigen
6. Besitz pflegen
7. Besitz nutzen
8. Emotionale Verbundenheit zum Besitz entwickeln
9. Emotionalen Abstand zum Besitz entwickeln
10. Reichtumsdenken entwickeln
11. Dankbarkeit für Besitz entwickeln
12. Besitz mehren
13. Fehler

"Geld"
Pendeltafel 5

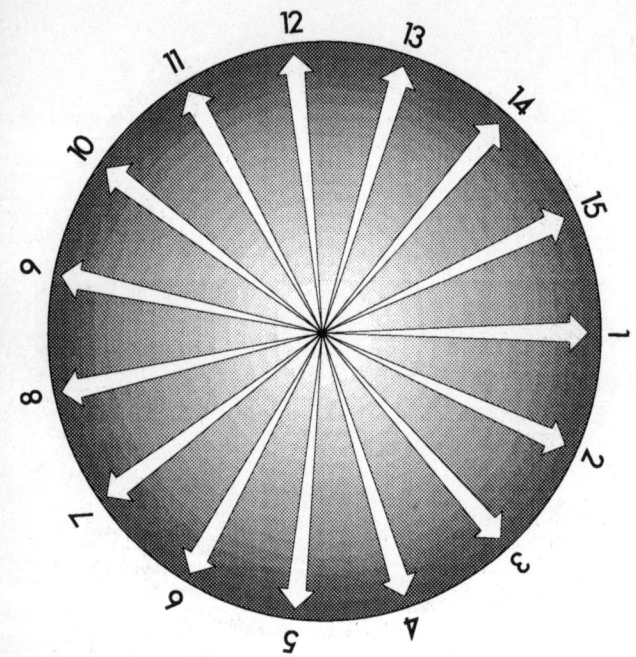

1. Den ganzheitlichen Sinn des Geldes verstehen
2. Geld fließen lassen
3. Geld sinnvoll nutzen
4. Geld für Dich nutzen
5. Geld verschenken
6. Geld annehmen lernen
7. Geld sammeln
8. Geld verdienen
9. Neue Verdienstmöglichkeiten annehmen
10. Den Sinn von Reichtum verstehen
11. Den Sinn von Armut verstehen
12. Geld lustvoll ausgeben
13. Liebevoll mit Geld umgehen
14. Mit Geld spielen lernen
15. Fehler

"Heilung des materiellen Bewußtseins a) - Lernschritte"

Pendeltafel 6

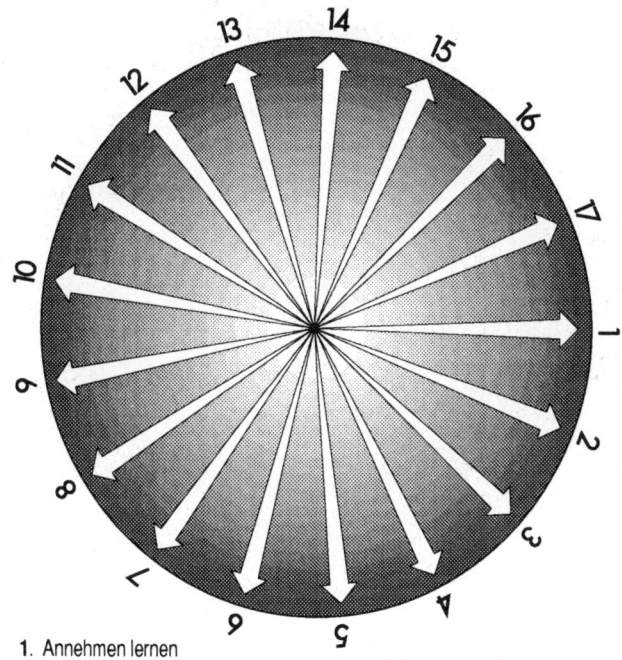

1. Annehmen lernen
2. Abgeben lernen
3. Fairen Austausch erlernen
4. Gier auflösen
5. Ekel auflösen
6. Eigenverantwortlich leben
7. Lustvoll leben
8. Deine persönliche Macht akzeptieren
9. Gegensätze akzeptieren
10. Kreativ leben
11. Deine einzigartigen Talente verstehen und liebevoll einsetzen
12. Verantwortung abgeben lernen
13. Demut lernen
14. Bescheidenheit lernen
15. Die eigene Kraft erkennen und annehmen
16. Gottes Hilfe in Deinem Leben erkennen und annehmen
17. Fehler

"Heilung des materiellen Bewußtseins

b)- Schatten erkennen und erlösen" Pendeltafel 7

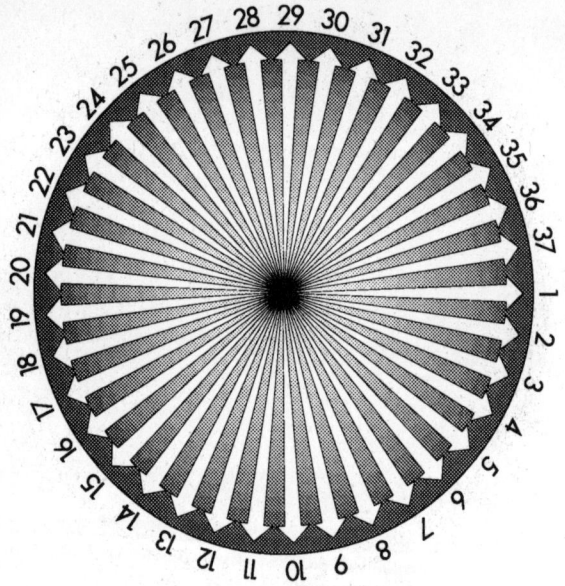

1. Ich bin nichts wert
2. Ich bin unfähig
3. Mein Leben ist sinnlos
4. Andere bestimmen mein Leben
5. Ich will keine Macht haben und ausüben
6. Ich bin phantasielos
7. Ich bin nicht belastbar
8. Ich kann nicht lernen
9. Es gibt gute und schlechte Menschen
10. Andere wollen mir schaden
11. Ich bekomme immer zu wenig
12. Ich bin nicht liebenswert
13. Ich darf mir keine Freude gönnen
14. Arbeit muß anstrengend sein
15. Geld ist schmutzig
16. Nur wer was hat, ist was wert
17. Ich weiß nicht genug
18. Ich bin dumm
19. Die Menschen sind nicht aufnahmebereit für das, was ich zu geben habe
20. Ich bin zu alt, bzw. zu jung
21. Niemand hilft mir
22. Ich bin untalentiert
23. Karmische Belastungen blockieren mein Leben
24. Ich muß anderen helfen
25. Fehler

"Geldtypen"
Pendeltafel 8

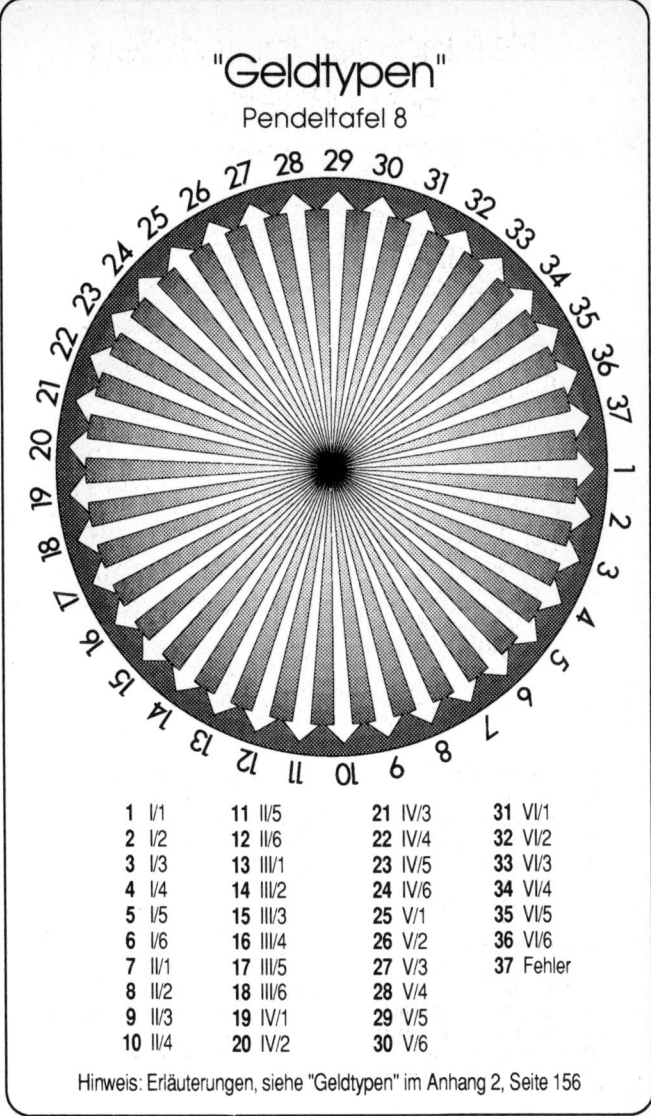

1 I/1	**11** II/5	**21** IV/3	**31** VI/1
2 I/2	**12** II/6	**22** IV/4	**32** VI/2
3 I/3	**13** III/1	**23** IV/5	**33** VI/3
4 I/4	**14** III/2	**24** IV/6	**34** VI/4
5 I/5	**15** III/3	**25** V/1	**35** VI/5
6 I/6	**16** III/4	**26** V/2	**36** VI/6
7 II/1	**17** III/5	**27** V/3	**37** Fehler
8 II/2	**18** III/6	**28** V/4	
9 II/3	**19** IV/1	**29** V/5	
10 II/4	**20** IV/2	**30** V/6	

Hinweis: Erläuterungen, siehe "Geldtypen" im Anhang 2, Seite 156

"Prozentwerte"

Pendeltafel 9

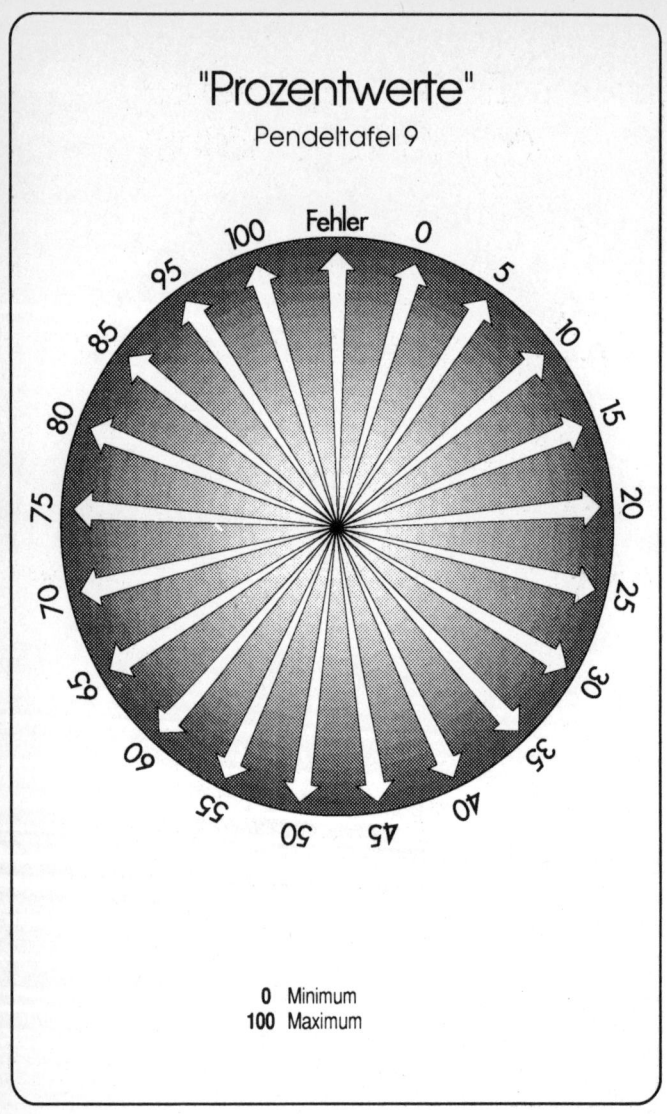

0 Minimum
100 Maximum

Ergänzungstafel B
(Yin/Yang-Verhältnis)

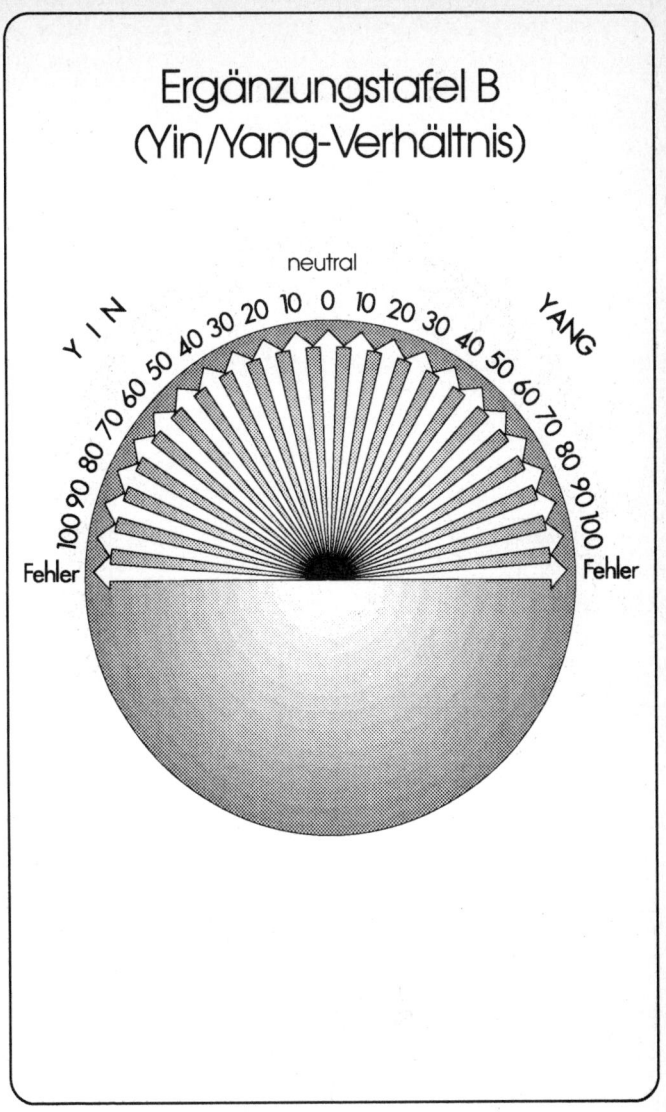

"Häufige Charakterblockaden"
Pendeltafel 11

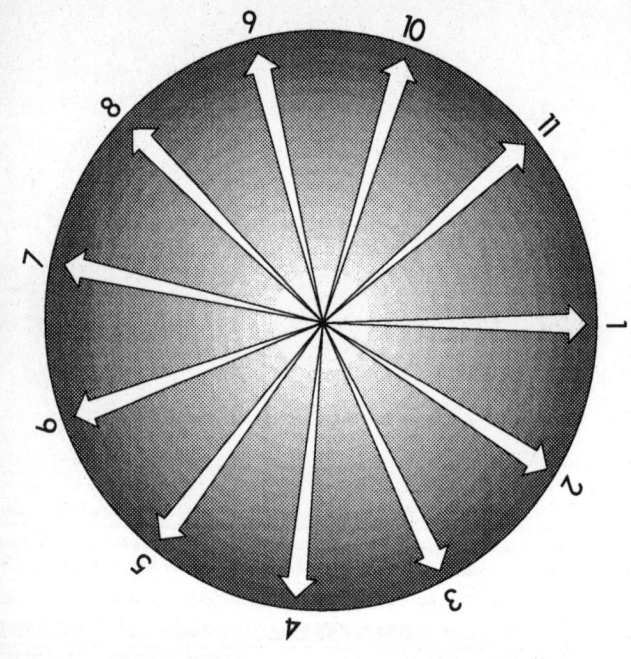

1 Leon Leichtlebig	**7** Lieschen Müller
2 Gustav Geizig	**8** Ferdinand Fachidiot
3 Marius Manager	**9** Irenäus Idealist
4 Adolf Atlas	**10** Gerd Gauner
5 Sammy Survival	**11** Fehler
6 Karl Künstler	

Hinweis: Erläuterungen, siehe Anhang 2, Seite 176ff

Eigene Pendeltafel

Thema ....

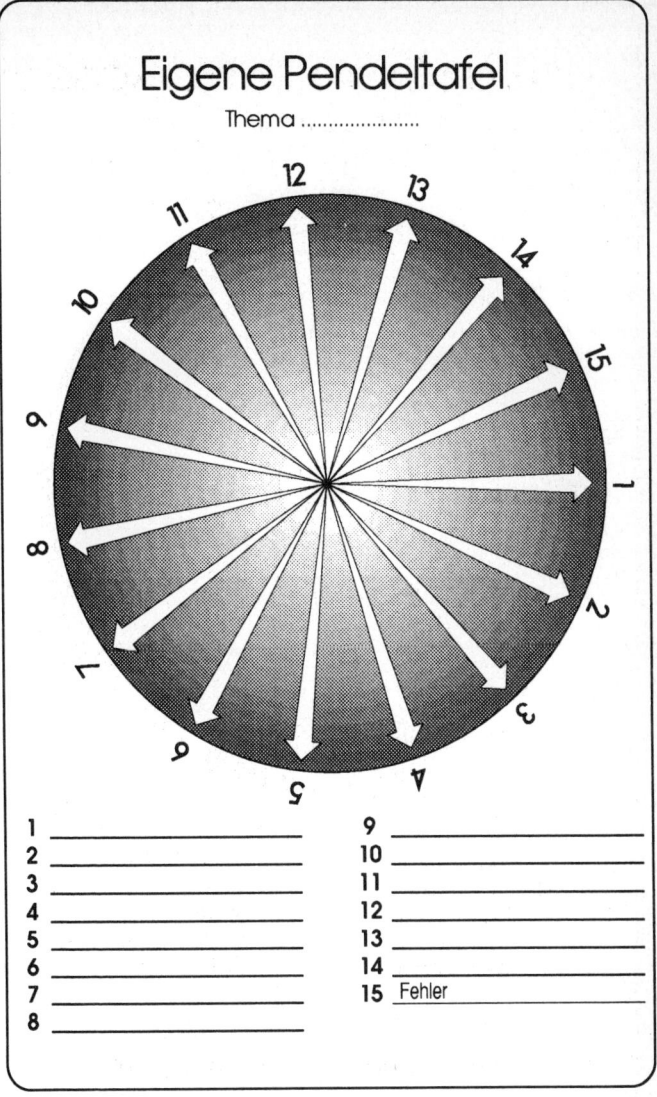

1 _____	9 _____
2 _____	10 _____
3 _____	11 _____
4 _____	12 _____
5 _____	13 _____
6 _____	14 _____
7 _____	15 Fehler _____
8 _____	

Eigene Pendeltafel

Thema ....

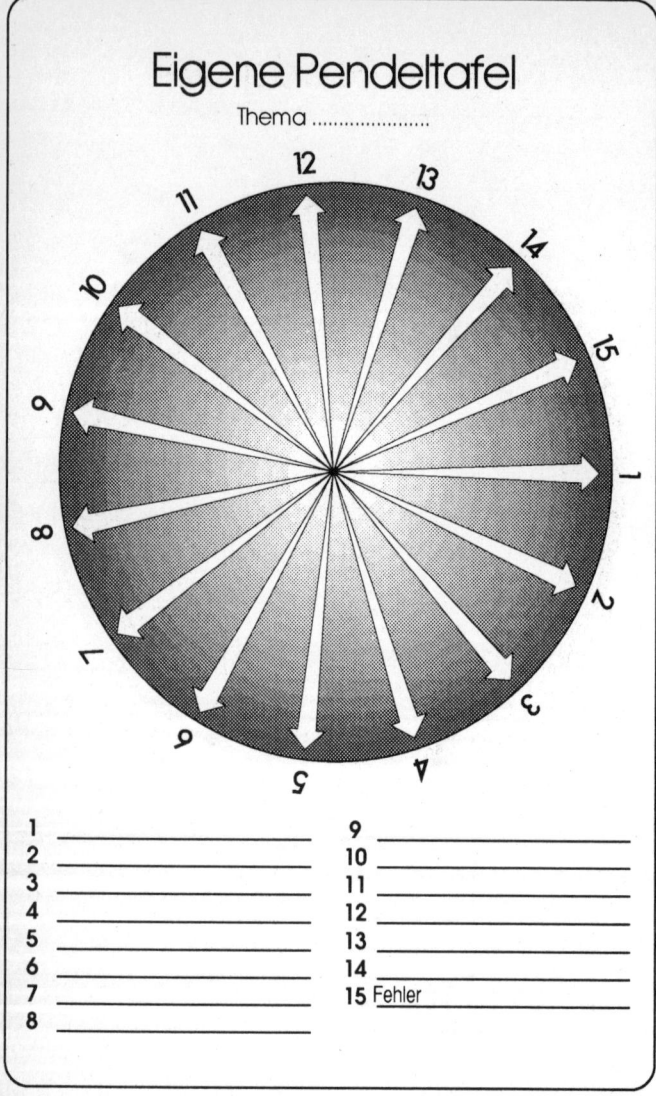

1 _____	9 _____
2 _____	10 _____
3 _____	11 _____
4 _____	12 _____
5 _____	13 _____
6 _____	14 _____
7 _____	15 Fehler _____
8 _____	

Eigene Pendeltafel

Thema ....

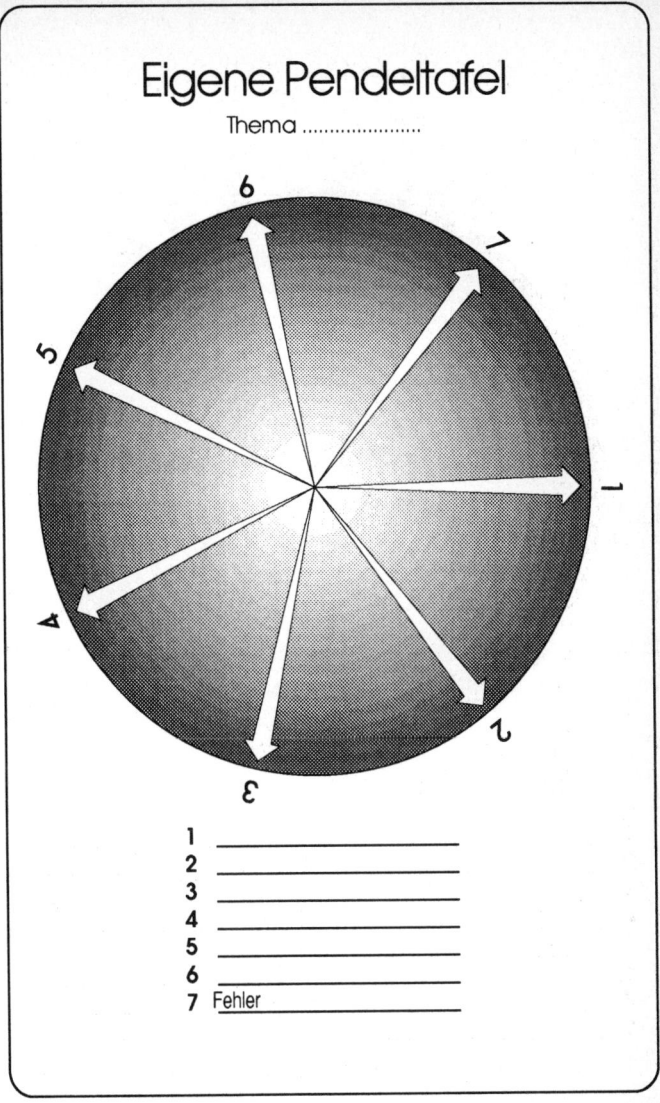

1 _____
2 _____
3 _____
4 _____
5 _____
6 _____
7 Fehler _____

Eigene Pendeltafel

Thema ....

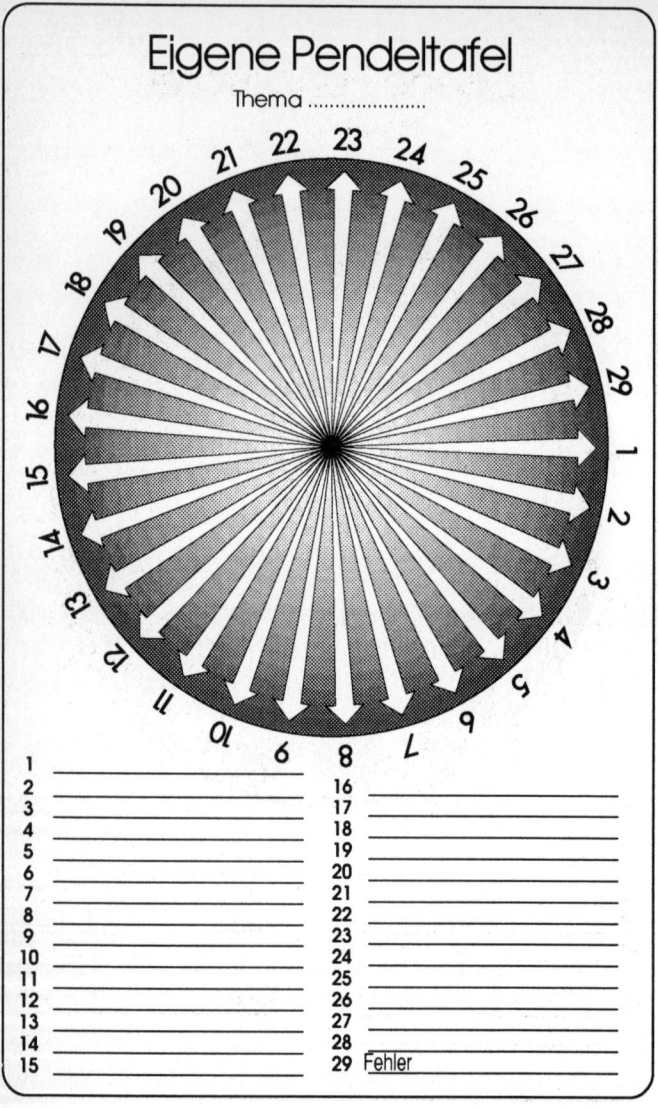

1	_____	16	_____
2	_____	17	_____
3	_____	18	_____
4	_____	19	_____
5	_____	20	_____
6	_____	21	_____
7	_____	22	_____
8	_____	23	_____
9	_____	24	_____
10	_____	25	_____
11	_____	26	_____
12	_____	27	_____
13	_____	28	_____
14	_____	29	Fehler _____
15	_____		

Eigene Pendeltafel

Thema ....

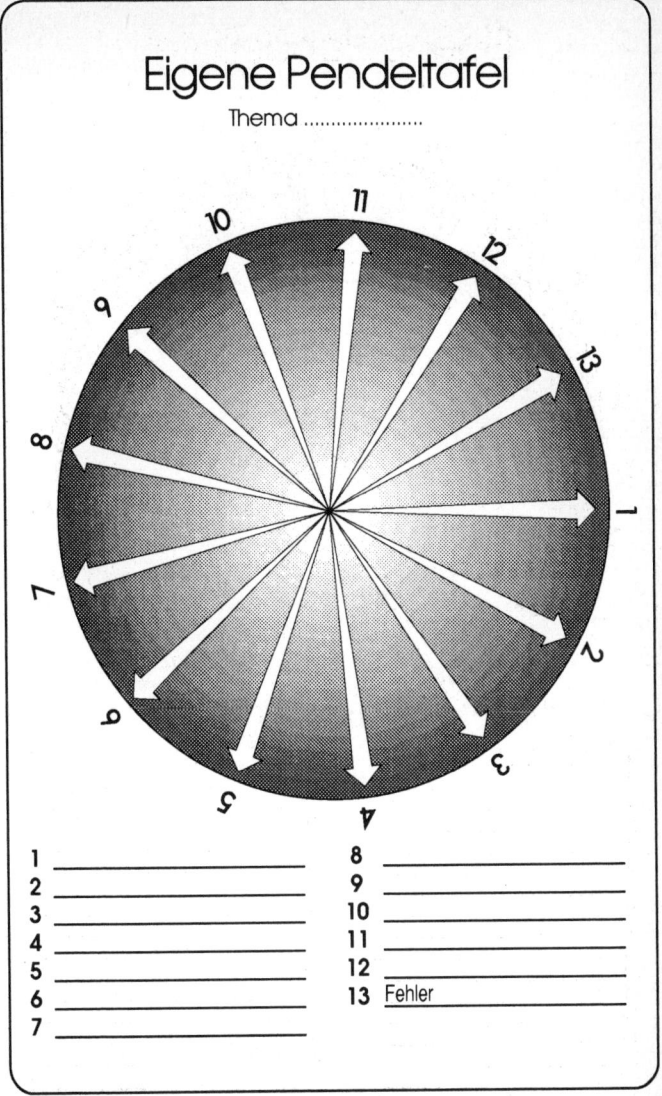

1 _____	8 _____
2 _____	9 _____
3 _____	10 _____
4 _____	11 _____
5 _____	12 _____
6 _____	13 Fehler _____
7 _____	

Eigene Pendeltafel

Thema ....

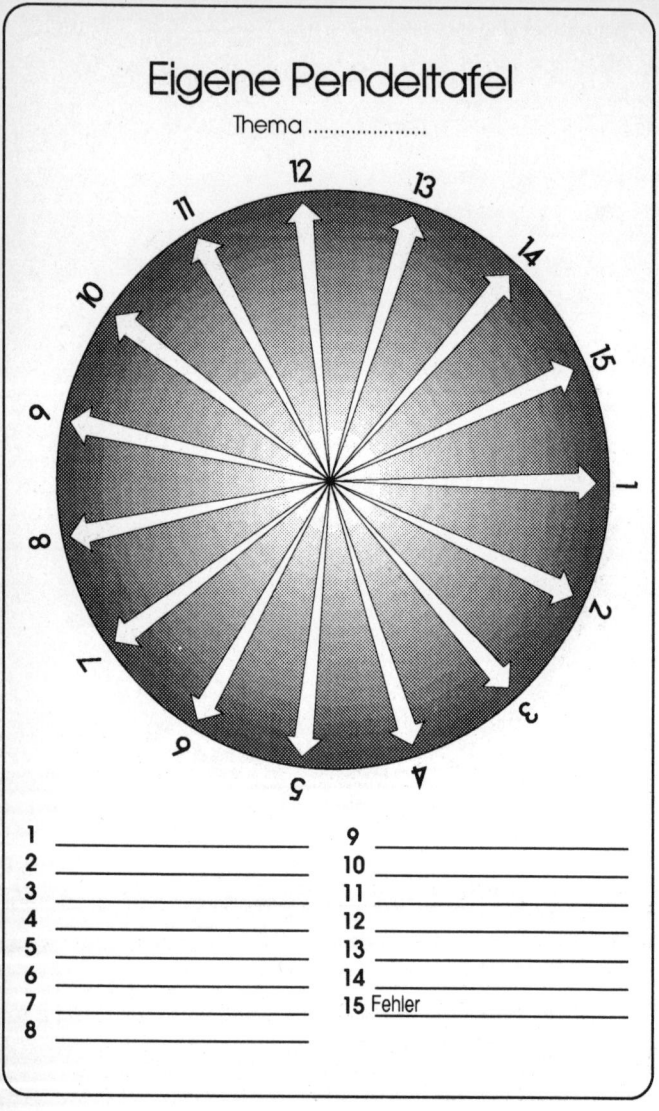

1 _____	9 _____
2 _____	10 _____
3 _____	11 _____
4 _____	12 _____
5 _____	13 _____
6 _____	14 _____
7 _____	15 Fehler _____
8 _____	

Eigene Pendeltafel

Thema ....

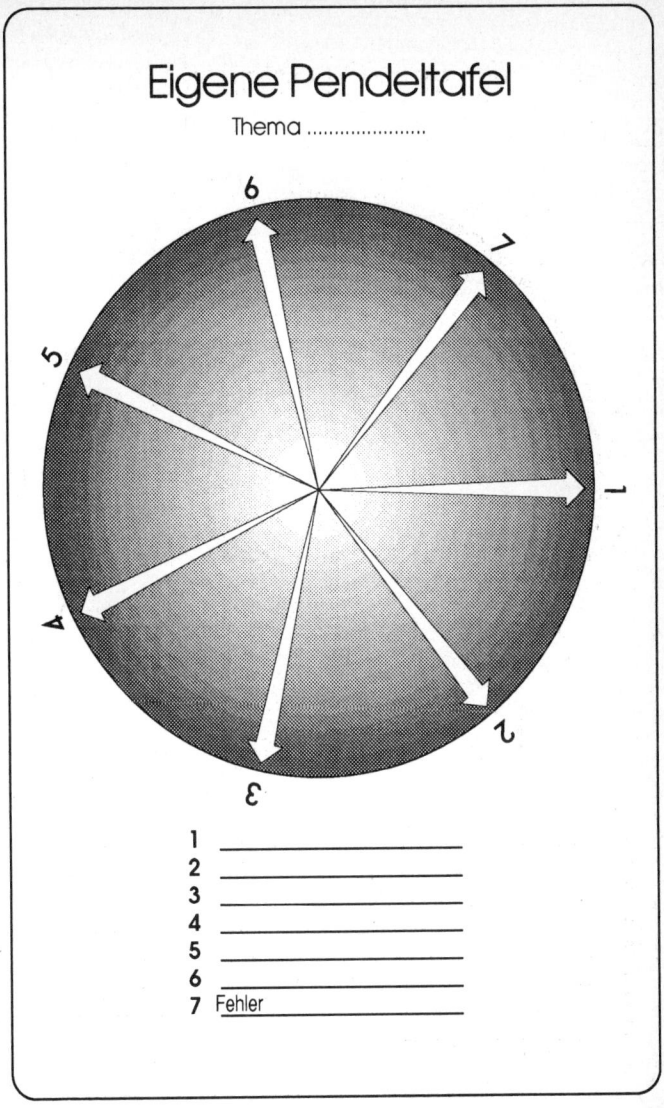

1 _____
2 _____
3 _____
4 _____
5 _____
6 _____
7 Fehler _____

Eigene Pendeltafel

Thema ....

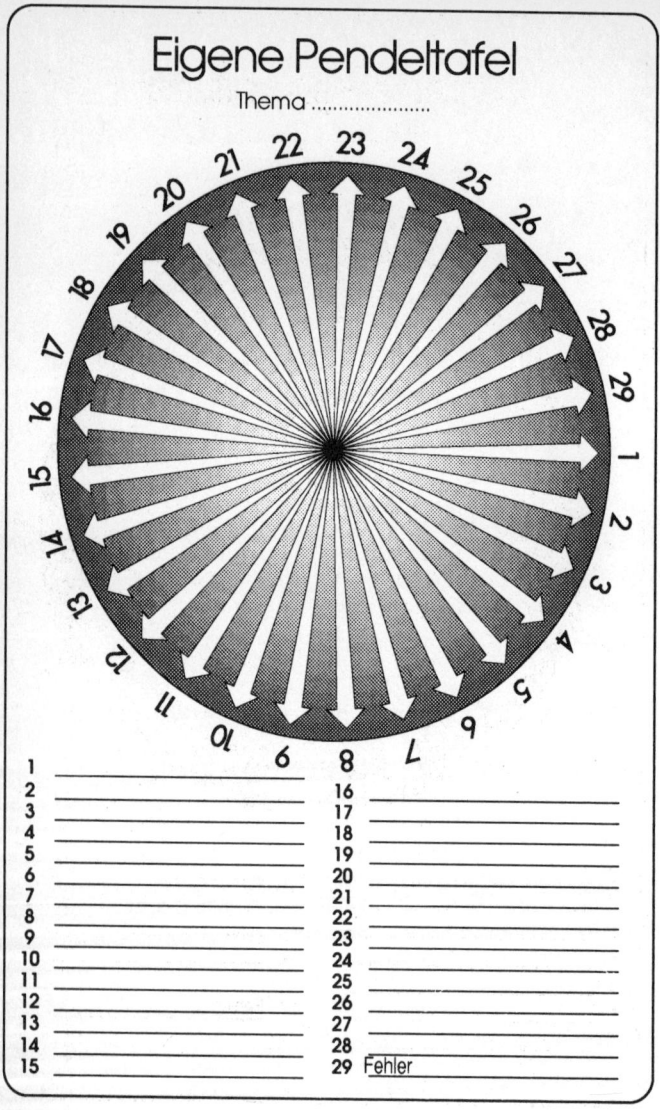

1 _____	16 _____
2 _____	17 _____
3 _____	18 _____
4 _____	19 _____
5 _____	20 _____
6 _____	21 _____
7 _____	22 _____
8 _____	23 _____
9 _____	24 _____
10 _____	25 _____
11 _____	26 _____
12 _____	27 _____
13 _____	28 _____
14 _____	29 Fehler
15 _____	

Eigene Pendeltafel

Thema ....

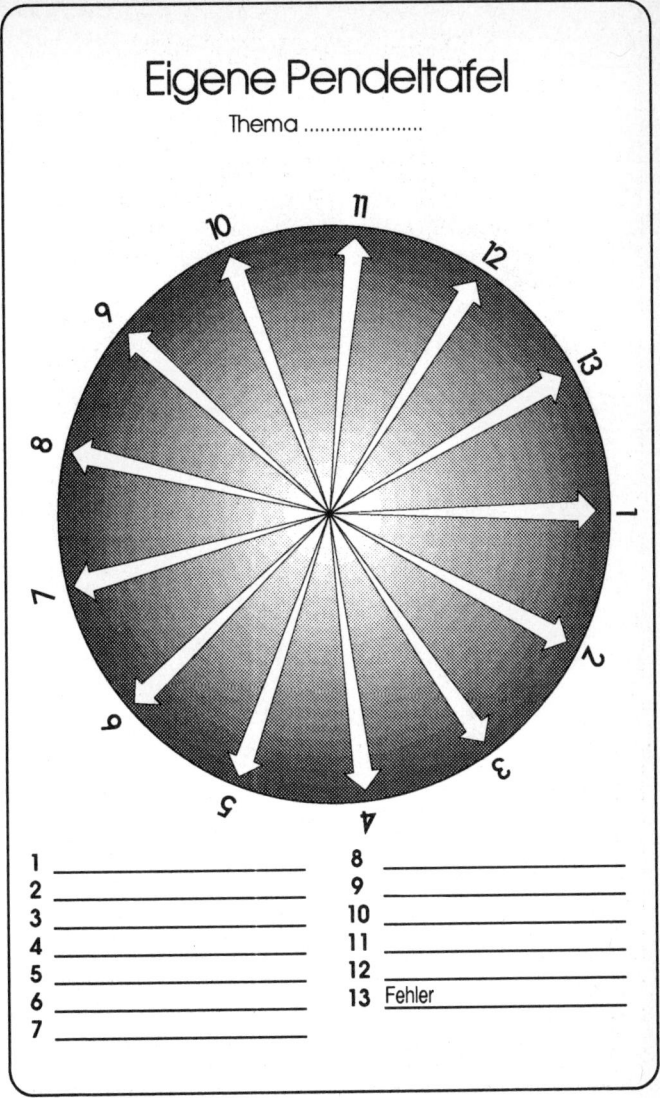

1 _____	8 _____
2 _____	9 _____
3 _____	10 _____
4 _____	11 _____
5 _____	12 _____
6 _____	13 Fehler _____
7 _____	

Eigene Pendeltafel

Thema ....

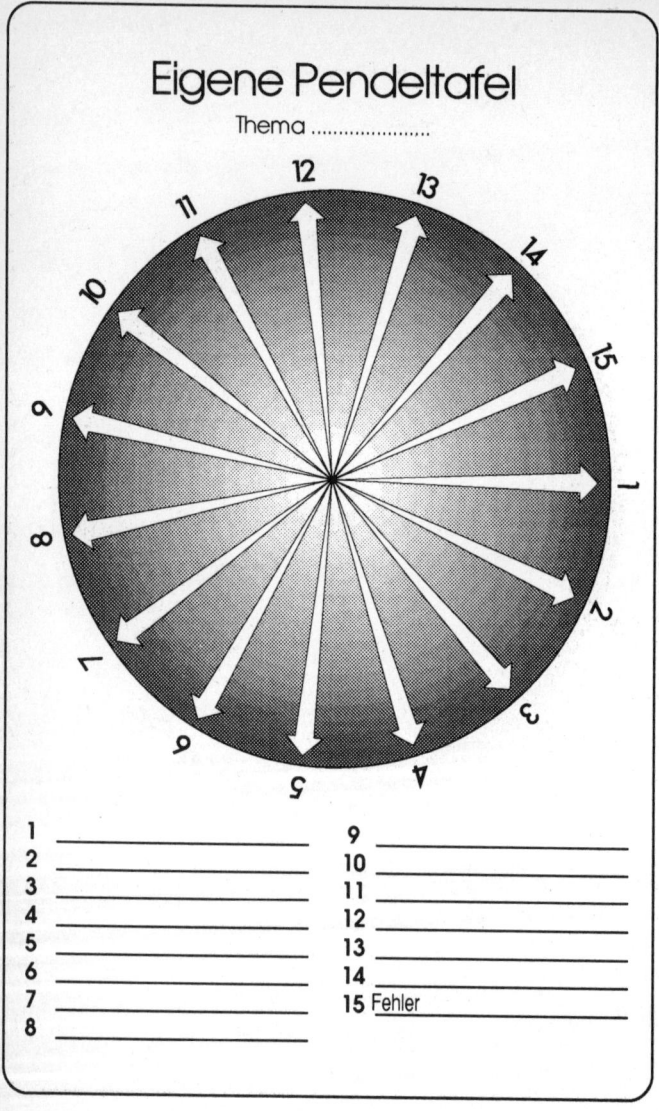

1 _____	9 _____
2 _____	10 _____
3 _____	11 _____
4 _____	12 _____
5 _____	13 _____
6 _____	14 _____
7 _____	15 Fehler _____
8 _____	

Eigene Pendeltafel

Thema ....

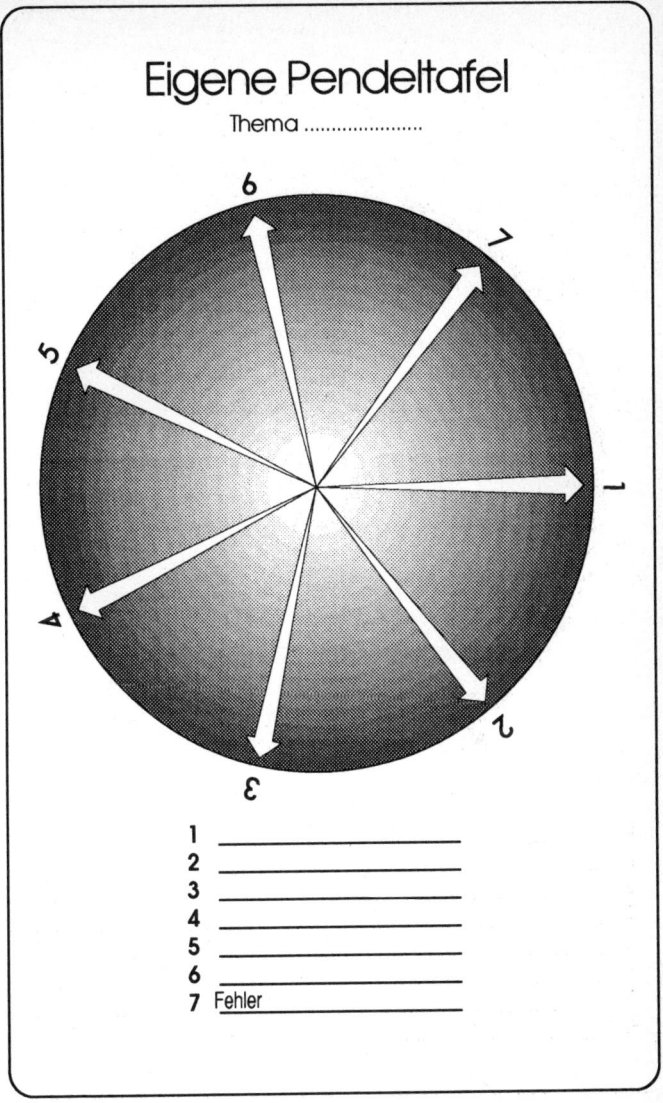

1 _____
2 _____
3 _____
4 _____
5 _____
6 _____
7 Fehler _____

Welcher Geldtyp bist Du?

Chakraorientierte Bestimmung von Verhaltensmustern in Bezug auf Geld, Beruf und Besitz

In dem folgenden Text stelle ich Dir eine recht umfangreiche Typenlehre der verschiedenen Verhaltensweisen im Umgang mit Geld, Beruf und Besitz vor. Sie hat sich in meiner Praxis gut bewährt und ist durch ihre Zuordnung nach den sechs Hauptchakren* ausgezeichnet zur Erstellung einer Therapie durch Atemübungen, Yoga, Heilsteine, Meditation, Reiki oder anderen Methoden geeignet, die über diese Energiezentren harmonisierend auf den ganzen Menschen Einfluß nehmen können. Weiterhin knüpft diese Betrachtungsweise direkt an die von mir entwickelte Methode des Auralesens und der Chakrenarbeit mit dem altchinesischen I Ging-Orakel an.**

Schau Dir die einzelnen Verhaltensmuster erst einmal an und mach eine kleine, spielerische Übung dazu, um sie für Dich verständlicher und lebendiger werden zu lassen. Ordne einfach jedem Typ mindestens einen Dir näher bekannten Menschen zu und begründe in einigen Sätzen, möglichst belegt durch eine konkrete Erfahrung, warum Du ihn oder sie so einschätzt. Dann suche Dir die Pendeltafel 8 "Geldtypen" heraus und pendle noch

---

Das Siebte, das sogenannte Kronenchakra, verwende ich nicht, da sein Zustand nach meiner Erfahrung eine Art Zusammenfassung der Verhältnisse in den unteren sechs Haupt-Chakren ist.

**Siehe "Das Aura-Heilbuch" von Walter Lübeck, Windpferd Verlag.*

einmal zu jedem Menschen, um zu überprüfen, ob Dein Unterbewußtsein ihn ebenso sieht. Versuche abweichende Ergebnisse als sich ergänzend zu verstehen und finde heraus, in welchen Situationen welches Muster eher das Verhalten des betreffenden Menschen richtig beschreibt. Natürlich wirst Du in der Realität selten jemandem begegnen, der einen der Geldtypen in Reinkultur verkörpert. Die meisten von uns haben Anteile verschiedener Charaktere in sich, die in bestimmten Situationen hervor- oder zurücktreten. Mit der Pendeltafel 9 "Prozentwert" kannst Du ermitteln, in welchem Verhältnis die jeweiligen Typen unter bestimmten Umständen in einem Menschen dominieren. Nimm die Prozentwerte bitte nicht zu genau, sondern deute sie als Anhaltspunkte und achte darauf, daß Menschen in verschiedenen Situationen verschiedene Charakterseiten betonen. Berücksichtige, daß Menschen lernen können, ihre Reaktionsmuster zu ändern, zu erweitern oder einzuschränken. Eine Persönlichkeit ist keine Maschine, sondern ständig im Fluß! Mit der Pendeltafel 10 "Yin/Yang-Verhältnis" kannst Du feststellen, ob ein Chakra zu sehr mit der einen oder anderen Qualität aufgeladen ist, und dann an der entsprechenden Stelle der chakraorientierten Typenlehre nachschlagen. Mit diesem Wissen lassen sich auch Übungen entwickeln,* die das Yin/Yang-Verhältnis in dem entsprechenden Energiezentrum harmonisieren können. Nach einem Übungszyklus läßt sich der erzielte Erfolg mit dem Pendel und der Pendeltafel 10 bestimmen.

Die Geldtypen und das chakraorientierte Orakel

Die Geldtypenlehre läßt sich auch wie ein chakraorientiertes Orakelsystem verwenden. Besorge Dir dazu zwei verschiedenfarbige Würfel, von denen einer für die Bestimmung des Lernthema-Chakras (Erklärung, siehe unten) und der andere zur Bestimmung des Erfahrungsraum-Chakras verwendet wird. Notiere

---

*Zum Beispiel aus dem Yoga, Polarity, Chi Kung oder Reiki.

dann eine Frage, die Dein Problem kurz und präzise umreißt. Schreibe auch das Datum und Deinen Vor- und Zunamen dazu. Es darf keine "Ja/Nein-Frage" sein und nicht gleichzeitig nach mehreren Alternativen (Was erwartet mich in Spanien, Italien oder Amerika im Urlaub?) gefragt werden.

Beispiele für sinnvolle Fragestellungen: Welche Situation erwartet mich im ersten Monat auf meiner neuen Arbeitsstelle? - Wie läßt sich mein Verhältnis zu meinem Partner beschreiben? Wie steht mein Lebensgefährte zu mir? Wie sollte ein zu mir passender Beruf energetisch orientiert sein? Welche Situation erwartet mich, wenn ich mich auf ein bestimmtes Geschäft einlasse? Was kann ich tun, um mich weiter zu entwickeln? Was wird mir eine bestimmte Therapie bringen? Was ist die Ursache meines Problems (Problem bitte genau definieren)?

Jetzt nimm die beiden Würfel, denke an Deine Frage, schüttele sie zwischen Deinen Händen, wie beim Würfelspiel durcheinander, bis Du das Gefühl hast, es reicht. Wirf sie auf eine glatte Fläche und notiere dann die oben liegende Zahl jedes Würfels. Diese bezeichnet jeweils eines der sechs Hauptchakren. Nun brauchst Du nur noch in der Typenlehre (siehe S.161 ff) die beiden Chakren (Lernthema- und Erfahrungsraum-Chakra) herauszusuchen, nachzulesen und Dir Deine Gedanken dazu zu machen. Durch Auspendeln der Yin/Yang-Ladung der Chakren lassen sich weitere Hinweise auf etwaige Blockaden finden.

Bitte mißbrauche dieses System nicht zu Machtspielen mit anderen oder um sie herunterzusetzen. Denke daran, wie Dir zumute wäre, wenn ein Bekannter sein Wissen so unfair gegen Dich einsetzen würde! Verwende es stattdessen dazu, Dich und andere besser zu verstehen, damit Du voller Liebe und Achtung an Deiner und ihrer Heilung mitwirken kannst. Jedes dieser Charaktermuster beschreibt ein großes Talent, das sich zu entwickeln lohnt, weil es eine Bereicherung für alle Beteiligten bedeutet, wenn es harmonisch und vollständig genutzt wird! Suche immer danach, diese Fähigkeit und ihren hohen Wert bewußt zu machen und zu entfalten.

Ein Ansatz zur Heilung blockierter Energien in den Chakren besteht darin, herauszufinden, welches der beiden beteiligten Energiezentren (Pendeltafel 2) zu wieviel Prozent (Pendeltafel 9) gestört ist, und dann an dem am meisten gestörten mit Bewußtseinsbildung und Energieübungen auf eine Harmonisierung hinzuarbeiten. Eine häufig in der Praxis zu findende Störungsursache ist die Überbetonung der Yang- oder der Yinseite eines oder beider Chakren. Für Yang ließe sich in diesem Fall auch sagen: aktiv, positiv, männlich, schöpferisch, hart, heiß, trocken. Für Yin: passiv, negativ, weiblich, empfangend, weich, kühl, feucht. Eine kurze Beschreibung der praktischen Auswirkungen einer zu starken Yang- oder Yin-Energie in jedem der sechs Hauptenergiezentren soll Dir helfen, diese Blockaden zu erkennen und an ihnen zu arbeiten.

Das Lernthema-Chakra und das Erfahrungsraum-Chakra

Meine Geldtypenlehre orientiert sich an dem folgenden, immer wieder beobachteten Muster: Jemand beschäftigt sich, meist unbewußt, mit dem Thema eines Chakras, zum Beispiel des 2. Energiezentrums, um zu lernen. Dieses Thema nenne ich das "Lernthema" und das Energiezentrum, das die Eigenschaften des Lernthemas beschreibt, bezeichne ich als "Lernthema-Chakra". In diesem Fall heißt das, jemand möchte gerne Erfahrungen im Bereich Lebenslust und Beziehung im weitesten Sinne machen. Oft sucht er sich aber ein ganz anderes Gebiet im Leben aus, um dieses Thema zu bearbeiten. Diesen Bereich nenne ich "Erfahrungsraum", und das Energiezentrum, das die Eigenart des Umfeldes beschreibt, in dem gelernt wird, "Erfahrungsraum-Chakra". Zum Beispiel kann er den Erfahrungsraum des 5. Chakras, das den Selbstausdruck, die Kreativität, das Künstlerische in einem Menschen organisiert, wählen, um über das Thema Lebensfreude und Beziehung zu lernen. Vielleicht spielt er mit anderen (Beziehung) zusammen in einem Orchester ein Musikinstrument (Selbstausdruck) als Hobby und freut sich daran, seine

Stimmungen über das Musizieren auszudrücken (Lebensfreude im Selbstausdruck). Zur Abgrenzung: Im umgekehrten Fall, also wenn jemand das 5. Energiezentrum als Lernthema-Chakra und das 2. als Erfahrungsraum-Chakra hat, möchte er Selbstausdruck im Bereich der Lebensfreude und Beziehung lernen. Verwirklichen ließe sich diese Konstellation, indem der betreffende Mensch auf seine typische Art (Selbstausdruck) den Clown (Lebensfreude) in sich bei einer Laienbühne oder als Profi ausdrücken lernt. Spiele mit diesem System ein wenig herum und versuche, eigene Beispiele zu den einzelnen Konstellationen der Chakren zu finden. Wenn Du Deine Ideen dazu in der Praxis anwendest, wirst Du schnell herausfinden, ob sie richtig waren oder nicht. Grundsätzlich gilt, daß viele Lebenssituationen Möglichkeiten bieten, mehrere Kombination zu leben. Es kommt meist mehr darauf an, daß der betreffende Mensch sich bewußt macht, welche Energie zu ihm paßt und welche Chancen seine derzeitigen Lebensumstände ihm zu ihrer Realisierung bieten, als "auszusteigen", weil es angeblich nicht möglich ist, den vorhandenen Raum passender zu nutzen. Manchmal ist allerdings auch ein mehr oder weniger radikaler Wechsel der Lebensumstände das Mittel der Wahl. Prüfe auf jeden Fall eingehend alle Alternativen, bevor Du Brücken hinter Dir abbrichst, die Dir vielleicht noch gute Dienste hätten leisten können.

Hilfen zur Deutung und Anwendung der Geldtypenlehre

Folgende Regeln zur Deutung bestimmter Chakra-Kombinationen habe ich in meiner Praxis immer wieder bestätigt bekommen und möchte sie Dir zur Erleichterung Deiner Arbeit mitgeben: Menschen, die eine gleichzahlige Chakrenkombination, also zum Beispiel I/1; II/2) in Bezug auf eine Frage haben, werden Dir diesbezüglich als sehr festgelegt und voreingenommen erscheinen. Bei einer Beratung mußt Du Dich sehr auf ihre Art zu denken, zu fühlen und zu handeln einstellen, weil sie sich auf wirklich neue Wege nicht so recht einlassen können. Sie haben eben durch die Kombination gleicher Energien keine sehr große Auswahl zur

Bewältigung ihrer Lernerfahrungen. Das ist eine echte Herausforderung für den Berater. Immerhin kannst Du so lernen, Deinen eigenen Willen zurückzustellen und direkt auf kreative Weise harmonische Lösungen aus dem, was da ist, zu entwickeln. Je weiter die beiden Chakren auseinanderliegen, also zum Beispiel VI/1, desto aufgeschlossener und kreativer wird der entsprechende Mensch in der Regel auf für ihn wirklich neue Wege eingehen. . Bezieht sich die Auskunft auf die unteren Chakren, 1 bis 3, liegt immer eine Situation vor, die dringend konstruktiv geklärt werden muß, auch wenn der Betroffene dies vielleicht momentan anders einschätzt. Diese Energiezentren bilden die Wurzeln des menschlichen Seins. Sind sie stark geschädigt, gibt es ernste Probleme. Also sei in diesem Fall besonders achtsam und bemüht.

Anmerkung: Die folgenden Beschreibungen der verschiedenen Kombinationen von Lernthema- und Erfahrungsraumchakren werden mit römischen und arabischen Zahlen benannt. Dabei bezeichnet zum Beispiel I/2, die Konstellation mit dem 1. Energiezentrum (I) als Lernthema und dem 2. Energiezentrum (2) als Erfahrungsraum.

Eine Beschreibung der sechs Hauptchakren im Zusammenhang mit der Geldtypenlehre

I. Lernthema oder Erfahrungsraum: 1. Chakra
(Steißbeinzentrum)
- Struktur und Überleben -

Überleben im weitesten Sinne; Flüchten und Kämpfen; Arterhaltung durch Fortpflanzung (ich brauche einen Erben); Bewahrung des Volkes, der Familie, zu der man sich zugehörig fühlt; die Urkraft des Lebens (Kundalinienergie); der Anker des Menschen in der materiellen Welt, die innere Struktur, die Form.

Im geistigen Bereich feste Prinzipien, nach denen gelebt wird, Moral, Ethik und in der weltlichsten Form Gesetzestreue. Orientierung an gesellschaftlichen Normen und Werten (man tut das nicht; das muß doch jeder tun) oder dem, was man dafür hält.

Im emotionalen Bereich feste rituelle Verhaltensweisen, in denen Gefühle ausgedrückt werden (Schwarz tragen bei Trauer, Blumen am Hochzeitstag, Geschenke zum Geburtstag etc.). Der Überlebensinstinkt in allen Spielarten.

Im körperlichen Bereich: das Skelett als strukturgebender Teil des Körpers und das Blut als Überbringer und Speicherer der persönlichen Lebenskraft.

Beispiele für struktur- und überlebensorientierte Berufe: Handwerker; Verhaltenstherapeut, Pfarrer, Verwalter und Beamte im weitesten Sinne; Soldat; Kampfsportlehrer.

Ist das Chakra zu *yang-orientiert*, wird der betreffende Mensch tendenziell bemüht sein, Strukturen zu errichten und zu erhalten, egal ob sie sinnvoll sind oder nicht. Ohne Strukturen, gleich welcher Art, bekommt er Angst, den Halt zu verlieren. Strukturlosigkeit, Unordnung und Nicht-Kämpfen-Wollen werden ihm als falsch und feindlich erscheinen. Dementsprechend wird er versuchen, dagegen anzukämpfen, um Ordnung und Kampfbereitschaft durchzusetzen. Anarchismus erscheint ihm als das größte Übel und macht ihm Angst. In einer Hierarchie wird er sich dagegen sicher und gut aufgehoben fühlen.

Ist das Chakra zu *yin-orientiert*, wird der betreffende Mensch tendenziell das Leben im Chaos, in der Strukturlosigkeit für besser halten. Kämpfen wird ihm eher sinnlos erscheinen und er wird versuchen, Auseinandersetzungen auszuweichen oder im Streit hysterisch reagieren, denn ihm fehlt der innere Halt, die feste Struktur, um sicher und selbstbewußt seinen Standpunkt einzunehmen, ihn zu verteidigen oder darüber gelassen zu verhandeln. Je eindrucksvoller er die Struktur eines anderen erlebt, desto mehr wird er sich davor fürchten. Er wird gegen "den Staat", "die Gesellschaft" etc. schimpfen und sich im Anarchismus sicher und frei fühlen.

I/1. Chakra
Das Thema Struktur und Überleben wird im Erfahrungsbereich Struktur und Überleben bearbeitet.

I/2. Chakra
Das Thema Struktur und Überleben wird im Erfahrungsbereich Beziehung und Lebenslust bearbeitet.

I/3. Chakra

Das Thema Struktur und Überleben wird im Erfahrungsbereich Analyse, Macht und Verdauung bearbeitet.

I/4. Chakra
Das Thema Struktur und Überleben wird im Erfahrungsbereich Einheit und Liebe bearbeitet.

I/5. Chakra
Das Thema Struktur und Überleben wird im Erfahrungsbereich Selbstausdruck bearbeitet.

I/6. Chakra
Das Thema Struktur und Überleben wird im Erfahrungsbereich Erkenntnis bearbeitet.

II. Lernthema oder Erfahrungsraum: 2. Chakra (Unterbauch-zentrum)
- Beziehung und Lebenslust -

Lebenslust und Beziehung im weitesten Sinne; die sinnliche Erfahrung durch Berührung; die Freude, am Leben zu sein;

Zärtlichkeit und Sensibilität; Spiel und Spaß; Lachen und Feiern; erotische Sexualität; Singen und Tanzen; Lebensgemeinschaften im weitesten Sinne; Fühlen und Gefühle; Jugendlichkeit.

Im geistigen Bereich: Flexibilität, Toleranz, Lernfähigkeit durch Sich-einlassen-können und dem spielerischen Umgang mit dem Lernthema.

Im emotionalen Bereich: vollständige Palette an Gefühlen,* die spontan, natürlich und mit viel Dynamik, aber ohne Überreaktion körperlich geäußert und wahrgenommen werden. Die Wahrnehmung von Gefühlen bei anderen und die Reaktion darauf.

Im körperlichen Bereich: alles Flüssige, Weiche und Flexible. Besonders das Urogenitalsystem und der Unterbauch.

Beispiele für beziehungs- und lebensfreudeorientierte Berufe: Partnervermittlung; Entertainer; Tanzlehrer; Gastwirt; Sozialarbeiter; Hure; Clown; Ehe- und Sexualtherapeut; Tantralehrer.

Ist das Chakra zu *yang-orientiert,* wird der betreffende Mensch Beziehungen und Lebensfreude suchen und darin den Sinn des Lebens sehen. Alles, was ihm nicht gleich Spaß macht oder Beziehungen, an denen gearbeitet werden muß, wird er meiden. Er wird sich tendenziell nach dem Motto: "Hauptsache mir geht es gut!" verhalten. Zeiten ohne Beziehung und Spaß kann er nicht ertragen und fürchtet sie sehr. Deswegen kann es sein, daß er häufig mehrere Partner hat oder seine Gefährten schnell wechselt, wenn die Beziehung aus der Verliebtheits- in die Alltagsphase mit ihren Belastungen übergeht. Das Thema dieses Chakras versucht er sich erfahrbar zu machen, indem er die Zuwendung anderer auf sich lenkt, damit ihm sein Leben Spaß macht. Erotik, Ästhetik, Vergnügungen aller Art und Gesellschaft mit Freunden sind für ihn lebenswichtig.

Gefühle machen beziehungsfähig!

Ist das Chakra zu *yin-orientiert*, wird der betreffende Mensch sich tendenziell ohne Beziehung und Lebensfreude sicherer fühlen. Seine Ängste machen ihn einsam. Manchmal spürt er sein Leid darüber und seine Wünsche nach Lebensfreude. Diese Wahrnehmung ängstigt ihn und treibt ihn zu selbstzerstörerischen Handlungen, aus dem Wunsch heraus, durch den äußeren Schmerz den inneren vergessen zu können. Er ließe sich als Asket beschreiben. Allerdings solltest Du diesen aus Angst asketischen Menschen von dem Asketen unterscheiden, der die freie Wahl hat, zu leben wie er will, aber aus wichtigen Gründen zur Zeit Enthaltsamkeit praktiziert. Die zu starke Yin-Orientierung des 2. Chakras macht sich auch in einem Hang zur Verteufelung von Genuß, schönen Dingen, Freude und Sinnlichkeit bemerkbar.

II/1. Chakra
Das Thema Beziehung und Lebenslust wird im Erfahrungsbereich Struktur und Überleben bearbeitet.

II/2. Chakra
Das Thema Beziehung und Lebenslust wird im Erfahrungsbereich Beziehung und Lebenslust bearbeitet.

II/3. Chakra
Das Thema Beziehung und Lebenslust wird im Erfahrungsbereich Analyse, Macht und Verdauung bearbeitet.

II/4. Chakra
Das Thema Beziehung und Lebenslust wird im Erfahrungsbereich Einheit und Liebe bearbeitet.

II/5. Chakra
Das Thema Beziehung und Lebenslust wird im Erfahrungsbereich Selbstausdruck bearbeitet.

II/6. Chakra
Das Thema Beziehung und Lebenslust wird im Erfahrungsbereich Erkenntnis bearbeitet.

III. Lernthema oder Erfahrungsraum: 3. Chakra
(Solarplexuszentrum)
- Analyse, Macht und Verdauung -

Analyse, Macht und Verdauung im weitesten Sinne; Ich-Gefühl und Eigenverantwortung. Die Fähigkeit mit Streß umzugehen. Manipulation, Nachdenken und Schlüsse ziehen können.

Im geistigen Bereich: logisches Denken, die Fähigkeit zur Verarbeitung der Sinneseindrücke.

Im emotionalen Bereich: eigene und fremde Gefühlsreaktionen "verdauen" können; die Fähigkeit zur Abgrenzung, zur Übernahme von Verantwortung und zum Vertrauen.

Im körperlichen Bereich: die Verdauung von Nahrung, die Augen als Wahrnehmungsorgane; Teile des Immunsystems.

Beispiele für analyse, macht und verdauungsorientierte Berufe: Statistiker; Politiker; Ernährungsberater; Manager; Marktforscher; Koch; Polizist; Hypnotiseur.

Ist das Chakra zu *yang-orientiert,* wird der betreffende Mensch eher bemüht sein, Macht zu sammeln; andere zu manipulieren und sich eher verstandesorientiert verhalten. Situationen zu analysieren und zu kritisieren gefällt ihm sehr. Er bekommt Angst, wenn er machtlos, ohnmächtig ist. Sich vertrauensvoll fallenzulassen, ist ihm ein Horror. Möglicherweise äußert sich dieses Problem bei ihm durch Schlafstörungen und mangelnde Hingabefähigkeit im sexuellen Bereich. Auf andere verläßt er sich ungern und versucht sie immer unter Kontrolle zu halten, in seinem Sinne zu manipulieren. Technische Dinge liebt er - sie sind so gut einzuschätzen. Menschen, die ihre Gefühle ausdrücken, mag er nicht; sie zeigen ihm Seiten seiner Persönlichkeit, die er nicht kontrollieren kann. Sicher fühlt er sich, wenn er "alle Hebel in der Hand hat". Lebenssituationen, die er nicht steuern kann, wird er zu meiden versuchen.

Ist das Chakra zu *yin-orientiert*, wird der betreffende Mensch eher Angst vor Macht, Analyse und Verdauen haben. Andere zu beeinflussen oder wahrzunehmen, daß er manipuliert wird, bereitet ihm Unbehagen. Er denkt nicht gern über seine Erfahrungen nach und orientiert sich deshalb mehr an dem Spruch: "Das Wichtigste sind meine Gefühle!". Dem Verstand und der Logik mißtraut er und ebenso der Technik in allen ihren Erscheinungsformen. Er fühlt sich dadurch in seiner Freiheit eingeschränkt. Beschäftigen wird er sich gerne mit Menschen, die ihn gefühlsmäßig einnehmen, auch wenn sie ihn, nachdem sie ihn eingenommen haben, ausnehmen. Wenn er lernt, wird er das Oberflächliche behalten und wiedergeben, wenn es verlangt wird. Da er nicht gern verdaut, was er lernt, bleibt ihm die kreative Anwendung von Wissen meist verschlossen. Seinem Hang zur Natur, Tieren und überschaubaren Lebensverhältnissen mit viel Freiräumen und Harmonie nachzugehen fällt ihm in der heutigen Zeit schwer und kann ihn depressiv stimmen.

III/1. Chakra

Das Thema Analyse, Macht und Verdauung wird im Erfahrungsbereich Struktur und Überleben bearbeitet.

III/2. Chakra

Das Thema Analyse, Macht und Verdauung wird im Erfahrungsbereich Beziehung und Lebenslust bearbeitet.

III/3. Chakra

Das Thema Analyse, Macht und Verdauung wird im Erfahrungsbereich Analyse, Macht und Verdauung bearbeitet.

III/4. Chakra

Das Thema Analyse, Macht und Verdauung wird im Erfahrungsbereich Einheit und Liebe bearbeitet.

III/5. Chakra

Das Thema Analyse, Macht und Verdauung wird im Erfahrungsbereich Selbstausdruck bearbeitet.

III/6. Chakra

Das Thema Analyse, Macht und Verdauung wird im Erfahrungsbereich Erkenntnis bearbeitet.

IV. Lernthema oder Erfahrungsraum:
4. Chakra (Herzzentrum)
- Einheit und Liebe -

Einheit und Liebe im weitesten Sinne; Harmonie und Synthese;
Gruppengefühl und -verantwortung.

Im emotionalen Bereich: das Gefühl der inneren Verbundenheit
mit allen Erscheinungsformen der Schöpfung; Mitgefühl, das
nicht Mitleiden, sondern Mitempfinden ist; Verantwortungsfähigkeit für andere, Gruppen und die Umwelt.

Im geistigen Bereich: Problemlösung unter fairer Berücksichtung
der Interessen aller Beteiligten; Offenheit für die Ideen anderer
aus dem Verständnis heraus, daß alle nur einen Teil der Wahrheit
kennen.

Im körperlichen Bereich: die Aufnahmebereitschaft für Nah-
rungsstoffe, Wasser und Umwelteindrücken aller Art und die
Fähigkeit, diese den eigenen Bedürfnissen entsprechend zusam-
menzusetzen (Synthese).

Beispiele für einheits- und liebesorientierte Berufe: Angehörige
von Schlichtungskommissionen; Politiker, die sich um gesell-
schaftliche Vereinigung und Völkerverständigung bemühen;
Therapeuten aller Art. Religiöse Führer, denen es nicht um das
Wohl einer Kirche, sondern um das der Menschen geht. Schama-
nen als Vermittler der Einheit von Gott und Mensch.

Ist das Chakra zu *yang-orientiert*, wird ein starkes Verlangen nach
Einheit, Angenommenwerden und Symbiose bestehen. Der betreffende Mensch identifiziert sich im Extrem so sehr mit man-

chen Bereichen seiner Umwelt, daß er seine Individualität nicht mehr wahrnimmt. Dies führt zu einer Überflutung mit Reizen aller Art, die ohne Abgrenzung verinnerlicht werden. Das überlastet wiederum die Analyse- und Synthesefähigkeit und kann zu Verdauungsstörungen körperlicher oder energetischer Art mit in der Folge entstehenden Stoffwechselproblemen in diesen Bereichen führen. In geistiger Hinsicht können Psychosen verschiedener Ausprägung entstehen. Trennungssituationen werden den betreffenden Menschen belasten, während alles, was sich mit ihm irgendwie vereint, ihm Sicherheit und Wohlbehagen gibt. Oft resultiert die Yang-Überladung dieses Energiezentrums aus einer als extrem schmerzhaft erlebten Trennungssituation.

Ist das Chakra zu *yin-orientiert*, werden Situationen, in denen Einheit spürbar wird, als angstauslösend erfahren. Der betreffende Mensch wird sich wohl fühlen, wenn er sehr individuell und abgegrenzt leben kann. Gemeinschaftsgefühl und Gruppen, an die er sich anpassen soll, sind ihm zuwider. In ihm ist die Tendenz zur Trennung ebenfalls zu beobachten. Er versucht alle Anteile seiner Persönlichkeit, die Einheitsempfindungen hervorbringen könnten, zu verdrängen. Deswegen hat er wenig Zugang zu seinem Gefühlsleben und seiner Körperlichkeit. Besteht die Yin-Überladung dieses Energiezentrums lange, stellen sich schizoide Verhaltensweisen in verschiedensten Formen ein. Oft ergibt sich die zu starke Yin-Orientierung aus einer als extrem beengend empfundenen und länger andauernden symbiotischen Beziehung.

IV/1. Chakra
Das Thema Einheit und Liebe wird im Erfahrungsbereich Struktur und Überleben bearbeitet.

IV/2. Chakra
Das Thema Einheit und Liebe wird im Erfahrungsbereich Beziehung und Lebenslust bearbeitet.

IV/3. Chakra

Das Thema Einheit und Liebe wird im Erfahrungsbereich Analyse, Macht und Verdauung bearbeitet.

IV/4. Chakra

Das Thema Einheit und Liebe wird im Erfahrungsbereich Einheit und Liebe bearbeitet.

IV/5. Chakra

Das Thema Einheit und Liebe wird im Erfahrungsbereich Selbstausdruck bearbeitet.

IV/6. Chakra

Das Thema Einheit und Liebe wird im Erfahrungsbereich Erkenntnis bearbeitet.

V. Lernthema oder Erfahrungsraum:
5. Chakra (Halszentrum)
- Selbstausdruck -

Selbstausdruck; Mimik; Gestik; Modulation und Kraft der Stimme; Vorlieben und Abneigungen aller Art; die persönliche Art des Krank-Seins; Körperhaltung, künstlerischer Ausdruck auf allen Gebieten.

Im geistigen Bereich: die Originalität des Nachdenkens und der Problemlösungen; die Freude daran, auf eigenen Wegen zu denken, Ästhetik in Gedankenkonstruktionen und Lösungsansätzen.

Im emotionalen Bereich: die individuelle Art und Weise, seinen Gefühlen Ausdruck zu verleihen; Ästhetik im Umgang mit Gefühlen.

Im körperlichen Bereich: Haltung; Mimik; Gestik; Stimmklang und Volumen; die Körperform und -bau; Über-, Unter- und

Normalgewicht; die persönliche Eigenart der Erkrankungen, Süchte. Ästhetik im Umgang mit dem Körper und der Körperlichkeit.

Beispiele für selbstausdrucksorientierte Berufe: Künstler aller Couleur und kreative Berufe aller Art.

Ist das Chakra zu *yang-orientiert,* ist ein starker Hang da, sich und seine Einzigartigkeit immer und überall darzustellen. Der Selbstausdruck wird Selbstzweck. Alles muß den eigenen Auffassungen entsprechen, sonst ist es falsch, häßlich, unmodern. Die eigenen Ansichten sind natürlich immer richtig, schön und passend. Die Selbstverwirklichung ist für den betreffenden Menschen sehr wichtig. Auch wenn andere darunter leiden, wird er sie weiter voranzutreiben versuchen. Oft resultieren aus dieser Art von Blockade innere Einsamkeit, Intoleranz und viel Streit, da die Mitmenschen durch den übermäßigen Selbstausdruck in ihrer Selbstdarstellung und Selbstverwirklichung eingeschränkt werden. Jemand mit einer Yang-Überladung im 5. Chakra eignet sich gut für das Showgeschäft, denn hier kann er sich endlich richtig produzieren. Kann er auf seine Art funkeln und glänzen, ist er glücklich. Angst bekommt er, wenn ihm die Möglichkeiten zum Ausdruck beschnitten werden oder ihm das Publikum für seine Auftritte fehlt, denn wohin soll seine überreichlich vorhandene Energie nun fließen?

Ist das Chakra zu *yin-orientiert,* wird die betreffende Person sich wie die sprichwörtlich graue Maus verhalten. Sparsam in Mimik, Gestik und unflexibel im Körperausdruck, leise und eintönig in der Stimme, einfallslos gekleidet, nicht in der Lage, auszudrükken, was in ihr vorgeht und wenig kreativ in dem, was sie tut und denkt, fällt sie vielleicht gerade deswegen mitunter auf. Im Extremfall führt diese Disharmonie zu Beziehungsarmut, da Beziehung zu einem großen Teil auch auf Selbstausdruck basiert und einem tiefen und schmerzhaften Gefühl von Sinnlosigkeit im

Leben,* Verzweiflung und mangelnder Vitalität. Erst durch den Prozeß des Ausdrucks und der Reaktion der Umwelt auf das Dargebotene, erfährt ein Mensch sich selbst und kann sich in Bezug zum Rest der Welt setzen. Situationen, in denen der betreffende Mensch sich genötigt fühlt, andere an seinem Innenleben, seiner Individualität teilhaben zu lassen, machen ihm Angst. Er fühlt sich gut, wenn er sich nicht darstellen muß oder auffällt. Denn das ist ihm peinlich, da er zutiefst davon überzeugt ist, irgendwie falsch oder häßlich zu sein.

V/1. Chakra
Das Thema Selbstausdruck wird im Bereich Struktur und Überleben bearbeitet.

V/2. Chakra
Das Thema Selbstausdruck wird im Erfahrungsbereich Beziehung und Lebenslust bearbeitet.

V/3. Chakra
Das Thema Selbstausdruck wird im Erfahrungsbereich Analyse, Macht und Verdauung bearbeitet.

V/4. Chakra
Das Thema Selbstausdruck wird im Erfahrungsbereich Einheit und Liebe bearbeitet.

V/5. Chakra
Das Thema Selbstausdruck wird im Erfahrungsbereich Selbstausdruck bearbeitet.

V/6. Chakra
Das Thema Selbstausdruck wird im Erfahrungsbereich Erkenntnis bearbeitet.

Was auch stimmt, denn ein wesentlicher Sinn unserer irdischen Existenz ist die Bereicherung der Welt und unseres eigenen Seins durch kreative und individuelle Teilnahme am universalen Schöpfungsprozeß.

VI. Lernthema oder Erfahrungsraum: 6. Chakra
(Stirnzentrum)
- Erkenntnis -

Erkenntnis, Wegfindung und Forschung (im Sinne von Interesse am Entdecken von Zusammenhängen) im weitesten Sinne.

Im emotionalen Bereich: der Zusammenhang der Wahrnehmung und Äußerung der Gefühle mit der jeweiligen Situation und der Individualität des betreffenden Menschen; die breite Palette der Gefühle, aus der je nach Situation ohne Einschränkung und vorherige Reflexion die passenden wahrgenommen und ausgelebt werden.

Im geistigen Bereich: die Orientierung des Denkens am Erfassen von großen Zusammenhängen und ihrer Berücksichtigung bei der Erarbeitung von Problemlösungen. Die Intuition als höhere Stufe der Verarbeitung von Informationen, ohne die Notwendigkeit des Prozesses von Analyse und Synthese.

Im körperlichen Bereich: die einende Kraft, die alle Bestandteile des Organismus sinnvoll zusammenarbeiten läßt.*

Beispiele für erkenntnisorientierte Berufe: Philosoph und Forscher. Alle Leute, deren Aufgabe es ist, Zusammenhänge zu verstehen, Probleme durch Forschen zu lösen, anderen zu helfen ihren Weg im Leben zu finden usw.

Ist das Chakra zu *yang-orientiert,* wird der betreffende Mensch versuchen, alles zu erforschen, was ihm in die Hände fällt. Beinahe artistisch wird er mit philosophischen und esoterischen Denkmodellen jonglieren und darin aufgehen, diese weiter zu

---

Eine starke Blockade dieses Chakras kann sich zum Beispiel durch Krebserkrankungen äußern, also der eigenständigen, nicht am Wohl des Ganzen orientierten, Wucherung von Zellen im Körper.

vervollkommnen. Er ist glücklich, wenn er forschen und erkennen kann. Angst bekommt er, wenn es um praktische Dinge geht. Lieber befaßt er sich 10 Stunden mit der Kabbala, als 10 Minuten etwas an seinem Auto zu reparieren. Theoretisch kann er alles, doch die Praxis ist ihm ein Greuel. Es ist so uninteressant und sinnlos, sich mit der Realität zu befassen. Viel schöner ist es, über sie nachzudenken und den 'Zen-Weg des Geschirrspülens' zu verstehen, anstatt ihn zu praktizieren.

Ist das Chakra zu *yin-orientiert,* findet der betreffende Mensch es absolut lästig und überflüssig, über seinen Platz in der Welt nachzudenken. Die Praxis zählt und da fühlt er sich zu Hause. Alles, was er anfassen kann, erscheint ihm real und gibt ihm Sicherheit. Soll er sich mit Theorien und dem Entwickeln eines Weltverständnisses abplagen, das ja doch keinen anfaßbaren Nutzen bringt? Was sinnvoll ist, beurteilt er nach praktisch verwertbaren Ergebnissen. Tätigkeiten, die keinen direkten Bezug zur Realität zu haben scheinen, steht er sehr skeptisch gegenüber. Wozu soll er meditieren, wenn er doch während dieser Zeit einen Wasserhahn reparieren kann!

VI/1. Chakra
Das Thema Erkenntnis wird im Erfahrungsbereich Struktur und Überleben bearbeitet.

VI/2. Chakra
Das Thema Erkenntnis wird im Erfahrungsbereich Beziehung und Lebenslust bearbeitet.

VI/3. Chakra
Das Thema Erkenntnis wird im Erfahrungsbereich Analyse, Macht und Verdauung bearbeitet.

VI/4. Chakra
Das Thema Erkenntnis wird im Erfahrungsbereich Einheit und Liebe bearbeitet.

VI/5. Chakra

Das Thema Erkenntnis wird im Erfahrungsbereich Selbstausdruck bearbeitet.

VI/6. Chakra

Das Thema Erkenntnis wird im Erfahrungsbereich Erkenntnis bearbeitet.

Häufige Charakterblockaden

Um dieses System zu vervollständigen, möchte ich Dir jetzt noch einige häufig auftretende Formen von blockierten Charaktermustern vorstellen. Selbstverständlich gibt es noch sehr viel mehr. Du kannst eine Menge über Dich und andere lernen, wenn Du einfach weitere Typen hinzufügst und dabei versuchst, der tieferen Ursache ihrer disharmonischen Muster auf die Spur zu kommen. Wenn Du die Wurzel des Problems wirklich gefunden hast, wird es Dir leicht fallen, einen Heilungssatz (siehe unten) dazu zu entwickeln. Es kann spannend sein, daraus ein Spiel zu machen und es einmal mit einigen guten Freunden zu spielen. Du wirst überrascht sein, wieviele tolle und kreative Lösungen den Teilnehmern zu den Charakterblockaden einfallen werden. Gleichzeitig könnt ihr dabei auch locker lernen, wie ihr mit euren eigenen Charakterblockaden umgehen könnt. Eine Möglichkeit für so ein Spiel ist zum Beispiel, daß einer der Teilnehmer einen Typen mit einem passenden Namen und einer Geschichte vorstellt, die beschreibt, wie er sich verhält. Dann erklärt der nächste anhand einer interessanten Geschichte, wie dieses Verhalten sich entwickelt hat und welches unbefriedigte Bedürfnis wohl hinter der Blockade steht. Der nächste versucht dann, einen passenden Heilungssatz zu finden.

Die Muster lassen sich auch mit Hilfe der Pendeltafel 11 "Häufige Charakterblockaden" bestimmen. Ansätze zur Befreiung der gestauten Energien kannst Du entwickeln, indem Du die am stärksten blockierten Chakren mit dem Pendel ermittelst und geeignete Übungen aus der Körpertherapie oder der chakraorientierten Energiearbeit anwendest. Eine weitere Möglichkeit der Harmonisierung ergibt sich aus der Arbeit mit dem jedem Typ beigefügten Heilungssatz. Er kann folgendermaßen verwendet werden: Sprich ihn laut und deutlich neunmal bevor Du einschläfst und lausche nach jeder Wiederholung einen Moment in Dich hinein, oder schreibe ihn auf kleine Zettel, die Du an Stellen in Deiner Wohnung anbringst, auf die Dein Blick häufig fällt, oder sprich den Satz laut und bewußt und schreibe sofort danach eine kleine Geschichte dazu. Wiederhole diese Übung alle sieben Tage und beobachte, wie sich Deine Geschichte mit der Zeit ändert.

Ach ja - die verwendeten Namen sollen auf keinen Fall die Charaktereigenschaften real existierender Namensträger beschreiben. Das ist mir wichtig! Ich bin durch "Mein Gott, Walter!" reichlich vorgeschädigt.

1) Leon Leichtlebig

Wenn er Geld hat, schmeißt er es mit vollen Händen zum Fenster raus. Ist seine Brieftasche leer - na ja, es gibt auch noch die von Freunden und Verwandten. Arbeit? Ab und zu ein bißchen. Aber eher weniger als mehr. Sie verdirbt den Spaß am Leben. Es ist viel schöner, ein paar Freunde zum Feiern einzuladen, zum Rummel zu gehen oder bei einem Bier in der Stamm-Bar zu sitzen. Ist Leon unsympathisch? Eigentlich nur, wenn er Dich gerade wieder hartnäckig anpumpt oder wenn Du versuchst, ihn psychologisch zu analysieren oder mit dem "Ernst des Lebens" zu konfrontieren. Ansonsten ist er ein guter Gastgeber, Saufkumpan, Partylöwe, Charmeur und Spielgefährte.

Heilungssatz: Ich verstehe den tieferen Sinn meines Lebens und verwirkliche ihn, um mich und die Welt zu bereichern.

2) Gustav Geizig

Seine Gedanken kreisen im wesentlichen darum, wie er etwas am billigsten bekommt. Er kennt von allem den Preis und von nichts den Wert. Wenn er andere "schädigen" kann, indem er sich am Party-Buffet den Teller mit den teuersten Köstlichkeiten bis zum Überlaufen füllt und alles reinstopft, bis ihm schlecht wird, freut er sich trotz Magengrimmens gewaltig. Wird ihm etwas zu trinken angeboten, nimmt er nur das Beste - aber randvoll bitte! Als Gastgeber wird er den guten Tropfen (wahrscheinlich ein Geburtstagsgeschenk, denn er würde dafür kein Geld ausgeben) irgendwo im Keller verstecken und stattdessen lieber Discountbier holen. Möchte er ein Selbsterfahrungsseminar besuchen, wird er zum billigsten greifen. Es sei denn, der Referent verspricht ihm eine Methode, schnell reich zu werden oder sein Geld im steuerfreien Ausland vor dem Fiskus, den "bösen Linken", der Inflation oder ähnlichen Katastrophen in Sicherheit zu bringen. Dann kann es auch was kosten, allerdings knirscht er bei dem Gedanken an den Preis mit den Zähnen. Verkauft er etwas, wird er mit allen ihm geläufigen Tricks versuchen, so viel Geld wie möglich herauszuschlagen - und trotzdem hinterher jammern, daß es viel zu wenig gewesen sei.

Heilungssatz: Die Welt sorgt für mich und ich sorge für die Welt.

3) Marius Manager

"Ich habe keine Probleme - ich löse sie!" könnte sein Wahlspruch sein. Geld, Besitz und Wissen bedeuten ihm nur etwas, wenn er damit Macht ausüben kann. Er klebt nicht am Geld, sondern gibt es aus, wenn es ihm nützt, seinen Einflußbereich, sei es privat oder beruflich, zu erweitern oder zu festigen. Er verdient Geld, um es zu diesen Zwecken zur Verfügung zu haben. Egal, wo er ist, er schafft es schnell und aalglatt in den Mittelpunkt zu kommen, indem er die Beeinflußbaren für sich einnimmt, bis sie ihm anbetend zu Füßen liegen, und die Widerspenstigen lächerlich macht, erpreßt oder sonstwie ausbootet. Mit Menschen kommt er gut zurecht - er weiß, auf welche Knöpfchen er zu drücken hat, damit sie tun, was sie sollen - oder vor Angst den Mund halten. Deswegen interessiert er sich auch sehr für Rhetorik, NLP, Hypnose, Magie, Positives Denken und sonstige Erfolgsstrategien.* *Heilungssatz:* Meine Fähigkeiten wurden mir geschenkt, um Liebe in die Welt zu bringen.

Damit möchte ich nicht die Methoden abwerten oder verurteilen. Ein Werkzeug ist immer so gut oder schlecht wie der Mensch, der es benutzt!

4) Adolf Atlas

Ab und zu entringt sich seinem freudlos verkniffenem Mund ein Stöhnen. Laut genug, daß es die anderen Menschen in seiner Umgebung bemerken, aber auch leise genug, daß keiner sagen kann, er wolle damit Aufmerksamkeit auf sich lenken. Schenkt er Dir etwas, wird der Klang seiner Stimme und sein Gesichtsausdruck davon künden, wieviel er arbeiten mußte, um es Dir geben zu können. Er leistet ja so viel, (er)trägt Berge von Verantwortung klaglos, hält noch durch, wo andere längst den Löffel abgeben würden - ein echtes Mannsbild von "Altem Schrot und Korn". Tagaus, tagein schuftend und sich für "die anderen", (nein, nein! auf keinen Fall für sich selber!) abrackernd. Zwar hat er "die anderen" nie gefragt, ob sie möchten, daß er sich für sie aufopfert, und das ist auch besser so - sie könnten sich das womöglich verbitten -, doch er weiß genau, daß sie ohne ihn verhungern, Pleite gehen, in der Gosse landen oder an unerledigten Arbeiten verzweifeln würden. Ab und an ein anerkennendes Wort von seinen Lieben wäre ihm schon Lohn genug, doch sie würdigen seine selbstlose Plackerei gar nicht richtig. Na ja, vielleicht setzt man ihm wenigstens nach seinem Tode ein Denkmal. Wird er wieder einmal von seinen Mitmenschen gemieden, weil sie seine Aufopferungshaltung nicht mehr ertragen können oder ausgenommen und dann links liegen gelassen, seufzt er vielleicht: "Der Mohr hat seine Schuldigkeit getan, der Mohr kann gehen!", oder etwas ähnliches. Es ist wohl manchmal schwierig zu glauben, daß Gott und die Menschen einen der ihren lieben, ohne daß er ständig dafür schuften muß. Und noch schwieriger ist es, die Liebe des Universums zu genießen, wenn man entweder gerade wie ein Verrückter arbeitet oder vor Müdigkeit kaum noch ansprechbar ist.

Heilungssatz: Ich werde geliebt ohne dafür etwas leisten zu müssen.

5) Sammy Survival

Ob am Arbeitsplatz oder privat - er läßt sich auf jedes Wagnis ein. Sicherheit reizt ihn nicht, auch nicht der sichere Gewinn. Es müssen Salomos Schätze sein, die er findet, nachdem er die böse Konkurrenz, blutrünstige Bestien und den Drachen vor der Schatzhöhle bezwungen hat. Natürlich rettet er dabei auch noch ein paar geraubte Prinzessinnen und schützt arme Waisen. Er spekuliert auch gerne waghalsig an verschiedenen Börsen, die möglichst weit weg sind, wettet auf Pferde und Windhunde, macht Fallschirmspringen oder Motocross. Hauptsache, es ist riskant und er kann sich beweisen, was er für ein toller Kerl ist. Mit ihm befreundet zu sein, kann Spaß machen. Allerdings bleibst Du wahrscheinlich nicht lange einer seiner engen Gefährten, wenn Du mit ihm nicht Gebrauchtwagen durch die Wüste an den Kongo bringst, eine Expedition in das innere Amazonasgebiet machst, um Eingeborene vor der Zivilisation zu retten oder im Faltboot über den Atlantik segelst, um zu beweisen, daß in Wirklichkeit die Griechen Amerika entdeckt haben. Nicht, daß er's Dir übelnehmen würde, wenn Du zu Hause bleibst. Kerle wie ihn gibt es nun mal nicht so oft, aber er hat wenig Lust, mit Dir ins Kino zu gehen oder einen "9 to 5 Job" zu machen. Das Abenteuer ruft und er rennt schon, bevor der Schrei verhallt ist!

Heilungssatz: Meine Stärken und meine Schwächen sind gleich wertvoll und liebenswert.

6) Karl Künstler

Gut und Geld interessieren Karl nicht, er möchte sich verwirklichen, Kunst schaffen. Wenn sich seine Arbeit nicht verkaufen läßt, na und, die meisten großen Künstler wurden zu ihren Lebzeiten nicht anerkannt. Und ihm geht es genauso. Deswegen schafft er eben für die Nachwelt oder eine kleine Gruppe von Bewunderern, die ihn zum genialen Leithammel ihrer verschworenen Gemeinschaft von "wirklich Verständigen" in einer geschmacklosen Gesellschaft auserkoren hat.

Heilungssatz: Ich nutze meine Fähigkeiten, um alle Menschen zu erfreuen und zu bereichern.

7) Lieschen Müller

Lieschen ist so rührend naiv. Wenn ihr jemand mit Doktortitel oder sonstiger eindrucksvoller Ausstattung erzählt, die Erde sei eine Scheibe und die Sonne würde nur auf- und untergehen, weil sie ein gutmütiger Ufokommandant mit seinem 10.000 Kilometer großen Sternenkreuzer anschiebt, glaubt sie es und reißt ihre Augen voll ehrfürchtigem Staunen weit auf. Sie fällt immer wieder auf Verkäufer herein, die ihr mit großen Getue viel zu teuren Unsinn andrehen, läßt sich von Sekten einfangen, die ihr das große göttliche Heil versprechen, aber sie eigentlich nur ausbeuten wollen, und glaubt jedem Buch, das eindrucksvoll von Wundern, Unsterblichkeit, Engeln, Heiligen und sonstigen Großartigkeiten handelt. Gerne geht sie zum Channeln oder zum Kartenleger. Da sagt ihr endlich einmal jemand, was sie tun und lassen soll. Und immer sucht sie den großen Vater, der ihr die Verantwortung für ihr Leben, das ihr so viel Angst macht und viel zu kompliziert ist, abnimmt. Schade, daß sie nicht lernen will, zu ihrer eigenen Kraft zu finden und selbstverantwortlich ihren Weg zu gehen. So muß sie immer wieder auf Betrüger hereinfallen. Vielleicht erkennt sie irgendwann, daß die Leute, die ihr die Entscheidungen und das Denken abnehmen, ihr auch gleichzeitig die Chance zur Selbstverwirklichung und Geborgenheit in sich selbst entreißen.

Heilungssatz: Nur ich allein kann meinen Weg finden und gehen und ich habe alle Fähigkeiten dazu, das zu tun.

8) Ferdinand Fachidiot

Er weiß einfach alles über sein Gebiet! Und er bemüht sich darum, daß das auch so bleibt, deshalb bildet er sich eifrig weiter. Da es außer seinem Fachbereich im Grunde nichts gibt, was ihn wirklich interessieren würde, ist sein Bekanntenkreis auf Menschen begrenzt, die seine Interessen teilen. Die Scheuklappen, die er sich durch die Konzentration seines Denkens und Handelns geschaffen hat, bemerkt er normalerweise nicht. Manchmal allerdings wacht er für kurze Zeit auf. Dann nämlich, wenn die Realität ihn einholt und mit Anforderungen konfrontiert, von denen er oft gar nicht wußte, daß sie überhaupt existierten. Geschweige denn, wie er mit ihnen fertig werden könnte. Ist er diesen Gefahren irgendwie entkommen, seufzt er erleichtert auf, schließt seine Scheuklappen wieder fest, um die seltsamen, unbekannten Bereiche der Welt aus seinem Gesichtskreis zu verbannen und sich endlich wieder ganz auf sein Fachgebiet einlassen zu können. Schade, daß Ferdinand die vielen anderen Wunder der Welt nicht in sein Leben läßt. Könnte er es, würde er vielleicht feststellen, daß ihm dabei nichts entgeht, sondern daß er unglaublich viel an Lebensqualität, Sicherheit und Erfüllung dazugewonnen hat. Denn die Fülle des Lebens erschließt sich erst durch die Öffnung für seine vielen Bereiche wirklich.

Heilungssatz: Freudig und neugierig nehme ich teil an der Vielfalt der Welt.

9) Irenäus Idealist

Eigentlich dürfte niemand Auto fahren, denn dies verschmutzt die Umwelt und verringert unsere Bodenschätze. Und Geld sollte abgeschafft werden. Jeder nimmt stattdessen das, was er braucht, und gibt, was er entbehren kann. Man sollte anderen immer helfen und für sie da sein. Wir schaffen einfach das politische System, die Beamten und die Polizei ab und regieren uns selbst. So oder ähnlich äußert sich Irenäus über die Zustände in unserer Welt. Er meint es wirklich gut und tut sich gerne mit anderen zusammen, die ähnlich denken und fühlen. Gemeinsam reden sie dann darüber, wie die Welt eigentlich sein sollte. Manchmal versuchen sie auch, ihre Vorstellungen zu verwirklichen. Doch meist kommt das Projekt nicht über das Versuchsstadium hinaus, auch wenn dies unter Umständen Jahre dauert. Deprimiert über diese Entwicklung zieht Irenäus dann davon. Doch bald findet er ein neues Ideal, für das er sich einsetzen kann. Und schon entstehen wieder tolle Ideen und Pläne. Schade, daß soviel aufbauende Kraft verwendet wird, um Luftschlösser zu bauen. Würde Irenäus das mögliche Gute mit seinem Idealismus in die Welt holen, wäre vielen Menschen geholfen und er bekäme endlich mal ein Erfolgserlebnis.

Heilungssatz: Ich sehe und nutze die Chancen zu Veränderung im Hier und Jetzt, um die Zukunft schöner werden zu lassen.

10) Gerd Gauner

Solange er nur jemanden übers Ohr hauen kann, ist er zufrieden. Natürlich findet er immer einen guten Grund für sein Handeln. Läßt er im Kaufhaus etwas mitgehen, ist das ja eigentlich nur gerecht, denn die Preise sind sowieso viel zu hoch und er schafft eben einen gerechten Ausgleich. Bringt er es fertig, seinen alten Wagen jemandem, der nicht merkt, daß Gerd mal eben die Gesamtkilometeranzeige am Tacho mit der Bohrmaschine etwas zu seinen Gunsten "zurechtgerückt" hat, für viel zu viel Geld anzudrehen, freut er sich wie ein Schneekönig. Der Käufer ist ja schließlich selber Schuld, wenn er so naiv ist. Und außerdem war der Wagen ja noch ganz gut in Schuß. Anderen Menschen gegenüber ist Gerd mehr als mißtrauisch. Merkt er, daß tatsächlich jemand grundanständig ist, macht er sich über dessen vermeintliche Naivität und Lebensuntauglichkeit lustig. Er glaubt, daß er durch sein Verhalten auf der Gewinnerseite sein kann und sich so die Sicherheit und Geborgenheit schafft, die er so dringend braucht, um seine Existenzängste weiter verdrängen zu können. Ganz tief in sich hat er starke Schuldgefühle wegen seines Handelns. Sie drücken sich in der Verachtung und Abwertung der ehrlichen Menschen aus. Er wäre wohl gerne auch so, aber um sich zu das zu trauen, müßte er vertrauen. Und davor hat er Angst, denn dann wäre er ausgeliefert.

Heilungssatz: Ich bekomme immer, was ich wirklich brauche, wenn ich mich für die Zuwendungen des Universums vertrauensvoll öffne.

Kommentierte Bibliographie

In diesem kleinen Literaturverzeichnis findest Du eine Reihe von Werken, die die in dem vorliegenden Buch angesprochenen Themen vertiefen oder ergänzende Informationen liefern. Ich habe mich bemüht, wirklich aussagekräftige und praxisnahe Bücher auszuwählen.

"Die Unternehmenszukunft" von Gerd Ammelburg, Haufe Verlag. Ein umfassendes Werk über die vielen Probleme in einem Unternehmen und sehr interessante, ganzheitliche Lösungsmodelle, um wirtschaftliche Anforderungen und Menschlichkeit harmonisch zusammenzubringen.

"Manipulation durch die Sprache" von R. Lay, Ullstein Verlag. Ein ausgezeichnetes Buch über den Umgang mit Manipulationstechniken. Wichtig zur Bewußtseinsförderung und Harmonisierung des 3. Chakras.

"Hohe Schule der Verführung" von Martin Morlock, Bastei Lübbe Verlag. Ein Handbuch der Demagogie, aus dem Du lernen kannst, nicht mehr auf das Gewäsch der Werbemacher, Politiker und Journalisten reinzufallen.

"Die Strategie der Sieger" von R. L. Wing, Knaur Verlag. Wie Du ein jahrtausendealtes Handbuch der Kriegsführung dazu verwenden kannst, Alltagsprobleme harmonisch zu lösen.

"Reiki - Der Weg des Herzens" von Walter Lübeck, Windpferd Verlag. Einführung in das traditionelle USUI-System des Reiki

und eine umfassende Darstellung der Möglichkeiten, mit Reiki
die Persönlichkeit zu entwickeln.

"Das Reiki-Handbuch" von Walter Lübeck, Windpferd Verlag.
Praktische Anwendungen von Reiki mit vielen Übungen, Medi-
tationen, ausführlichem Nachschlageteil. Ein Handbuch für Rei-
ki-Therapeuten und eine verständliche Arbeitsgrundlage für Anfänger.

"Grundformen der Angst" von Fritz Riemann, Ernst Reinhardt
Verlag. Das Grundlagenwerk zum Verständnis von Ängsten.
Unbedingt lesenswert!

"Das Chakra-Handbuch" von B. Baginski und S. Sharamon,
Windpferd Verlag. Ein ausgezeichnetes Werk, um sich auf sehr
praktische Art mit der Chakrenlehre zu befassen. Dazu gibt es von
den Autoren noch eine Musik-Kassette (mit Begleitbroschüre)
"Chakra-Meditation", ebenfalls als CD erhältlich, Windpferd
Verlag.

"Einverstanden-Sein" von B. Baginski/S. Sharamon. Windpferd Verlag. Ein wundervolles Buch über die Erlösung verdrängter Anteile der Persönlichkeit. Ein Stück praktische Lebensphilo-
sophie. Auch dazu gibt es eine Musik-Kassette mit einer geführ-
ten Meditation gleichen Titels.

"Kostolanys Börsenseminar" von Andre Kostolany, Heyne
Verlag. Ein ausgezeichnetes Buch über Geld, Börse und lebendige
Psychologie.

"Kostolanys Notizbuch" von Andre Kostolany, Seewald Verlag.
Ein kleines Buch voller amüsanter und äußerst lehrreicher
Geschichtchen, Anekdoten und Aphorismen über Menschen,
Geld und Börse.

"Das Aura-Heilbuch" von Walter Lübeck, Windpferd Verlag. Eine Anleitung zur Entwicklung der feinstofflichen Sinne bis hin zum farbigen Lesen und Deuten der verschiedenen Felder der Aura, der Haupt- und Nebenchakren, der Meridiane usw. Enthalten ist auch eine sehr tiefgreifende und umfassende Darstellung des menschlichen Energiekörpers.

"Das Pendel-Handbuch" von Walter Lübeck, Windpferd Verlag. Eine Einführung in die Kunst des Pendels und der Radiästhesie, die auch für den Profi noch so manche wichtige Neuigkeit enthält.

"Das Arbeitsbuch zum I Ging" von R. L. Wing, Diederichs Verlag. Das alte chinesische Weisheits- und Orakelbuch wird von der Autorin in moderner, knapper und auch für Anfänger verständlicher Form dargestellt.

"I Ging - Das Buch der Wandlungen" von Richard Wilhelm, Diederichs Verlag. Die wohl kompetenteste und umfassendste Übersetzung des I Ging. Einarbeitung ist notwendig und lohnt sich!

"Wachstum in der Balance" von Niek Brouw, Verlag Alf Lüchow. Ein Buch über den natürlichen Umgang mit Gefühlen. Lesenswert!

"Softpower" von J. J. Bambeck, Heyne Verlag. Eine neue Art, konstruktiv mit Arbeitssituationen, betrieblichen Problemen und Kollegen umzugehen.

Brigitte Ziegler

Erfahrungen mit der Reiki-Kraft

**Schritte in die Freiheit
Das Geheimnis der
Lebensenergie**

Reiki ist eine universelle Lebensenergie - die die Materie zusam-
menhält, Menschen in Liebe verbindet und das Samenkorn seiner Bestimmung entgegenwachsen läßt...
Hunderttausende haben sich in Reiki ausbilden lassen, d.h. sie haben
gelernt, diese Energie zu aktivieren
und gezielt einzusetzen.
Brigitte Ziegler zeigt in diesem
Buch, welche Erfahrungen mit Reiki
möglich sind, was in Menschen vor
sich geht, wenn sie mit Reiki in
Kontakt kommen. Ihre Erfahrungs-
berichte geben einen Einblick in die
Praxis, die Hintergründe und die positive Veränderung, die Reiki in
bewirken kann.

176 Seiten, DM 19,80
ISBN 3-89385-103-8

Walter Lübeck

REIKI - Der Weg des Herzens

**Der Reiki-Einweihungsweg.
Eine Methode der ganzheitlichen
Heilung von Körper, Seele und
Geist**

Reiki zählt mit zu den heute popu-
lärsten esoterischen Erkenntnis-
wegen. Reiki beschreibt die Fähigkeit, universelle Lebensenergie zum
Heilen von sich selbst und anderen
einzusetzen. In diesem Buch wird
genau beschrieben, welche Möglichkeiten durch die direkte Erfahrung der Reiki-Kraft offenstehen.
Es beschreibt den Einweihungsweg
durch die drei Reiki-Grade, zeigt
auf, welche Erfahrungen gemacht
werden können und wie sich das
Leben durch den fortschreitenden
Kontakt mit der Reiki-Energie verändern kann.

192 Seiten, DM 19,80
ISBN 3-89385-070-8

Genevieve Lewis Paulson

Das Kundalini-Handbuch

Eine umfassende praktische Anleitung zum Entdecken, Freisetzen und Meistern der Chakra-Energien

Chakren, seit Jahrtausenden kennt man diese kraftvollen Energiezentren. Die Art und Weise ihrer Funktion ist mitbestimmend für den seelischen und körperlichen Zustand des Menschen.

Kundalini nennt man die Kraft, die zwischen den einzelnen Chakren fließt, sie miteinander verbindet und in Bewegung hält. Dieses Buch zeigt, wie die Kundalini-Energien über den Kontakt mit dem spirituellen Körper erweckt werden können und dadurch gezielt Einfluß auf Beziehungen und das Liebesleben nehmen.

272 Seiten, DM 24,80
ISBN 3-89385-091-0

Merlin's Magic

Reiki-Musik

Musik zur Reiki-Behandlung, Inspiration und Heilung

Immer mehr Menschen beschäftigen sich mit den heilenden Kräften von Reiki. Ebenso einfache wie wirkungsvolle Übungen wirken positiv auf den mit Reiki-Energie behandelten Menschen. Die Reiki-Musik von Merlin's Magic wurde speziell für die Reiki-Behandlung komponiert und bildet so das ideale musikalische Umfeld für Reiki. Sie wird von vielen führenden Reiki-Meistern wärmstens empfohlen.

»Diese Musik von Merlin´s Magic ist genau so, wie ich sie mir für meine Reiki-Behandlungen immer gewünscht habe.«

Ursula Klinger-Raatz,
Reiki-Meisterin und Bestsellerautorin
(Die Geheimnisse edler Steine)

Spieldauer 60 Minuten
CD: DM 38,00 ISBN 3-89385-735-4
MC: DM 28,00 ISBN 3-89385-736-2

Walter Lübeck

Das Aura-Heilbuch

Die Aura lesen u. deuten lernen. Energiefelder farbig sehen und zur ganzheitlichen Heilung einsetzen

Jeder Mensch hat eine Aura, eine Art farbiges Energiefeld, das seinen Körper umgibt und seinen augenblicklichen Gesamtzustand widerspiegelt. Gefühle, Schmerz, Liebe oder Leid und gesundheitliche Störungen verändern die Aura und geben dem, der sie zu "lesen" versteht, wichtige Aufschlüsse über seine Mitmenschen und die Möglichkeiten der Heilung oder der positiven Einwirkung.
Walter Lübecks Buch ist eine Schritt-für-Schritt-Anleitung, die den Leser über die Sensibilisierung für feinstoffliche Schwingungen zum Aurasehen führt.

288 Seiten, DM 24,80
ISBN 3-89385-082-1

Walter Lübeck

Das Pendel-Handbuch

Alles, was man zum richtigen Pendeln wissen muß Mit vielen praktischen Tips

Jeder, der das Pendeln von Grund auf erlernen will, ist mit diesem Buch gut beraten, denn es versucht alle Fragen zu beantworten, die normalerweise beim Pendeln auftreten - gibt ebenso Hilfe für Einsteiger wie heiße Tips für Pendel-Profis. Darüber hinaus enthält das Buch einige der wichtigsten Pendeltafeln aus den Bereichen Ernährung, Aromen, Bachblüten, Edelsteine, Chakren, Heilmittel u.v.m., sowie Anleitungen zur Öffnung der feinstofflichen Sinne, der Grundlage der Pendelfähigkeit.

160 Seiten, DM 16,80
ISBN 3-89385-093-7

Waltraud Maria Hulke

Das Farben Energie Buch

Farbtherapie, die Heilmethode der Zukunft

Ein ganz und gar praktisches Buch, das zeigt, daß Farben Energien sind, die wir in vielen Lebensbereichen aktivieren und nutzen können. Es zeigt viele neue Aspekte, die in dieser Form bislang noch nicht erforscht und beschrieben wurden, und schlägt den Bogen von der asiatischen Akupunkturlehre bis zur modernen Farbtherapie.
Farben beeinflussen unser Leben ja noch viel mehr als man gemeinhin glaubt. Ihre subtilen Schwingungen berühren Körper, Seele und Geist gleichermaßen, können aufregen oder beruhigen, den Verstand ein- oder ausschalten, wärmen oder kühlen, reizen oder lindern. Die jeweilige Farbe richtig eingesetzt, kann Wunder bewirken.

240 Seiten, DM 19,80
ISBN 3-89385-095-3

Waltraud Maria Hulke

Das Farben Heilbuch

Der praktische Umgang mit Farben und ihre Wirkung auf Körper, Seele und Geist

Das Wissen um die Heilwirkungen der Farben auf Körper, Seele und Geist ist so alt wie die Menschheit selbst. Aber gerade heute werden wir uns der Bedeutung von Farben wieder verstärkt bewußt, denn sie gehören zu den Energien, denen wir uns nicht willentlich entziehen können, und die uns doch so sehr bestimmen.Dieses spannende Buch bietet eine umfassende Einführung in die Welt der Farben. Die Autorin beschreibt die vielfältige Wirkung der Farben auf unser körperliches und seelisches Wohlbefinden und wie Farbbestrahlung, Farbpunktur, Farbklänge, Farbbrillen, farbige Edelsteine, Farbatmung, Farbvisualisierung und vieles mehr praktisch eingesetzt werden können.
192 Seiten, DM 19,80
ISBN 3-89385-073-2

Pete A. Sanders

Die Geheimnisse übersinnlicher Wahrnehmung

Übersinnliche Fähigkeiten besitzt - mehr oder minder entwickelt - jeder: Das vage Gefühl, daß »etwas nicht stimmt«, das Bild einer drohenden Gefahr, das uns einen anderen Weg nehmen läßt, oder auch die innere Stimme, die zu uns spricht und Ratschläge gibt. Das Déjà-vu-Erlebnis, an bestimmten Orten oder Situationen schon einmal gewesen zu sein. Fast jeder kennt solche oder ähnliche Phänomene. Pete A. Sanders hat Gesetzmäßigkeiten erkannt und Trainingsmethoden entwickelt, mit deren Hilfe jeder seine medialen Fähigkeiten entwickeln kann, zur Steigerung der Kreativität, Selbstheilung, zur Bereicherung von Beziehungen, zum Erkennen unserer Lebensaufgaben, zum Finden des Seelenpartners u. v. m.
320 Seiten, DM 24,80
ISBN 3-89385-092-9

Werner Koch

Reinkarnation - Heilung aus der Vergangenheit

Werner Koch beschreibt, was die Reinkarnationstherapie als spirituelle Hilfe bedeuten kann. Was wir bei der Wanderung durch die Entwicklungswege der verschiedenen Existenzen erkennen, wie wir uns dabei neu akzeptieren und verstehen lernen können, ist das Thema dieses Buches. Verblüffend einleuchtend ist die Darstellung der Energien früherer Leben in der Art und Weise wie sie sich in den Energiezentren manifestieren. Hier wird deutlich, wie und wo wir frühere Leben in den Chakren energetisch mittragen, und wir können erkennen, wie die Chakren als Mitgestalter unserer Biografie wirksam werden. Eine spannende Entdeckungsreise durch die Welten vergangener und gegenwärtiger Energien.
192 Seiten, DM 19,80
ISBN 3-89385-094-5

Paula Horan/Brigitte Ziegler

Kraft aus der Mitte des Herzens

Voller Energie, in der Mitte unseres Herzens zentriert mit klarem und offenem Blick in die Welt schauen, dem Leben intensiv begegnen, ohne Angst, ohne Kompromisse - wer möchte das nicht. Doch zuerst müssen wir unsere Co-Abhängigkeiten auflösen: unsere Sucht nach Essen, Alkohol, alten Gewohnheiten, Problemen, Freunden, Liebe, Bestätigung... Im Laufe unseres Lebens formen sich unsere Gedanken zu Kristallen und setzen sich im Körper fest, um irgendwann den Energiefluß zu blockieren: unsere Wahrnehmung wird trübe, die Lebensfreude läßt nach, es fehlt Energie. Die Autorinnen sind Therapeutinnen: sie zeigen uns, wie wir Körperkristalle aufspüren, Co-Abhängigkeiten erkennen, Bindungen loslassen und das Leben wieder voller Begeisterung erfahren können.

128 Seiten, DM 16,80
ISBN 3-89385-080-5

Shalila Sharamon, Bodo J.Baginski

Einverstandensein

Der Weg zur Einheit führt über das Einverstandensein und damit über die Erlösung des "Schattens", also all jener Anteile der Ganzheit, die wir in die Einseitigkeit verdrängt haben, und die uns in Form von Schicksal, Krankheit und Leid wieder begegnen. Das Einverstandensein führt uns zu unserer eigentlichen Mitte und somit zu wirklicher Heilung, zu einer Entfaltung unseres gesamten Potentials an Liebe und schöpferischer Energie.
Der "Schatten", seit C.G.Jung Synonym für all jene Anteile der Ganzheit, die durch den Menschen ins Unbewußte verdrängt und abgeschoben wurden, erfährt durch die hier dargestellte Methode eine tatsächliche Erlösung aus der Verbannung. Hierin liegt tatsächlich die große Chance des Menschen, sich ohne Umwege in Richtung Vollkommenheit zu entwickeln.

176 Seiten, DM 19,80
ISBN 3-89385-086-4

Alex Ignatius

Wasser ist stärker als Stein

Die zeitlose Weisheit des Lao Tse Meditationen für jeden Tag aus dem Tao Te King

Seit seiner Entstehung ist das Tao Te King eine Quelle der Inspiration und gilt zurecht als eines der klassischen Weisheitsbücher der Menschheit, das in vielen Übersetzungen, Bearbeitungen und Interpretationen erschienen ist.
Alex Ignatius, der Schöpfer des unvergleichlichen Pilger Mu, hat Lao Tses Werk in eine zeitgemäße Sprache übertragen und mit reizvollen Zeichnungen versehen.
Das Tao Te King ist immer zur Stelle und bereit, Rat zu geben, wenn man bereit ist, ihn zu verstehen und anzunehmen.

128 Seiten, DM 16,80
ISBN 3-89385-083-X

John Mann und Lar Short

Der feinstoffliche Körper

Einweihung in Theorie und Praxis der Erweckung des Energiekörpers

Jeder Mensch besitzt einen feinstofflichen Energie-Körper, aber nur wenige wissen von seiner Existenz, sind in der Lage, ihn bewußt wahrzunehmen und praktisch zu erfahren.
Kundalini, Chakraenergie, Meridiane, die drei Körper, Aura, das dritte Auge, Nadis, Tantra, Yantra, Yidam, sind Begriffe, die in unmittelbarem Zusammenhang mit den Phänomenen des feinstofflichen Körpers stehen, und die in dem umfassenden und reich illustrierten Werk von John Mann und Lar Short klar und einprägsam erklärt werden.

219 Seiten, DM 19,80
ISBN 3-89385-072-4